Bewerbung – aber richtig!

Ein Leitfaden

Margit Makrandreou

Wien 2005

MANZ VERLAG SCHULBUCH
www.manzschulbuch.at

Die Deutsche Bibliothek - CIP-Einheitsaufnahme

Makrandreou, Margit:
Bewerbung – aber richtig! : ein Leitfaden / Margit Makrandreou. -
Wien : Manz-Verl.-Schulbuch, 2005
ISBN 3-7068-2022-6

Printed in Austria

ISBN 3-7068-2022-6

Das vorliegende Buch wurde auf chlorfrei gebleichtem Papier gedruckt.

Umschlaggestaltung: Wolfgang Sigut

Satz: Maria Scherrer

Druck: Druckerei Theiss GmbH, 9431 St. Stefan

Vorwort

Traumberuf Schauspielerin. Vielleicht hast du dir früher auch einmal gewünscht, in interessante Rollen zu schlüpfen und von Fans in aller Welt umjubelt zu werden. Schon kleine Kinder wissen oft sehr genau, was sie einmal werden wollen: Pilot oder Rennfahrer, Ärztin oder Tänzerin, Koch oder Pirat; berühmt sein, ein großes Auto fahren, fremde Länder kennen lernen und viel Geld verdienen. Der Traumberuf ändert sich meistens mit zunehmendem Alter, wenn nicht nur die Vorteile, sondern auch die Nachteile und besonderen Anforderungen an einen Beruf berücksichtigt werden: die lange Ausbildung, die ungünstigen Arbeitszeiten, die Verantwortung und vieles mehr. Doch wer weiß schon, welche Berufe es überhaupt gibt und vor allem, welche es in Zukunft geben wird.

Mit deinem Einstieg ins Berufsleben wirst du nicht nur dein eigenes Geld verdienen, sondern auch die Grundlage für deine weitere berufliche Entwicklung legen. Wenn du für die kommenden Ferien noch einen Arbeits- oder Praxisplatz suchst oder gerade deine Ausbildung abgeschlossen hast, findest du viele wertvolle Hinweise.

Der vorliegende „Leitfaden" soll dir den Einstieg ins Berufsleben erleichtern. Du kannst ihn wie einen Roman vom Anfang bis zum Ende durchlesen oder einzelne Kapitel in beliebiger Reihenfolge bearbeiten. Jedes Kapitel umfasst mehrere Unterkapitel, deren Überschriften als Fragen formuliert sind. Schritt für Schritt begleitet dich dieser Leitfaden durch deinen gesamten Bewerbungsprozess. Von der Analyse deiner Wünsche und der Suche nach deinem zukünftigen Arbeitgeber bis zu deinem ersten Tag im Unternehmen, findest du für jede Frage passende Vorschläge, die du praktisch umsetzen kannst.

Adressen und Links im Internet stehen nach Themen geordnet und kommentiert am Ende des Buches.

Zur leichteren Lesbarkeit wurde auf eine durchgehende Verwendung weiblicher und männlicher grammatikalischer Formen verzichtet, mit sämtlichen (Berufs-)Bezeichnungen sind sowohl Männer als auch Frauen gemeint.

Ich wünsche dir viel Erfolg bei deiner Bewerbung.

Margit Makrandreou

Inhaltsverzeichnis

1 Bestandsaufnahme des Bewerbers

Jede auch noch so lange Reise beginnt mit dem ersten Schritt, und dein Weg ins Berufsleben beginnt mit einer sorgfältigen Analyse deiner Persönlichkeit: deiner Eigenschaften und Begabungen, deiner Stärken und Schwächen, deiner Wünsche und Möglichkeiten.

1.1 Wer bin ich?

Du bist einzigartig, so wie du bist und im Berufsleben wirst du dann den größtmöglichen Erfolg haben, wenn du deine besonderen Begabungen voll einsetzen kannst. Selbst Wolfgang Amadeus Mozart hätte als Schuster wahrscheinlich nicht so große Erfolge gefeiert wie als Komponist.

Du selbst kennst dich am allerbesten. Mit folgender Übung wird es dir daher leicht fallen, Merkmale zu deiner Persönlichkeit aufzuschreiben. Du schreibst entweder deinen Vornamen gefolgt von deinem Nachnamen oder das ganze Alphabet senkrecht auf ein Blatt Papier. Anschließend findest du zu jedem Buchstaben ein Wort, das dich beschreibt.

Beispiel

L	**A**ufmerksam	**K**	**U**
I	**B**	**L**	**V**
Still	**C**haotisch	**M**	**W**
Ausgeglichen	**D**	**N**	**X**
L	**E**	**O**	**Y**
g**U**t gekleidet	**F**	**P**	**Z**
S	**G**	**Q**	
Regelmäßiges **T**raining	**H**	**R**	
I	**I**ntelligent	**S**	
G	**J**	**T**	

Um mehr über dich selbst zu erfahren, könntest du auch einen Persönlichkeitstest durchführen. Entsprechende Literaturangaben und Internetadressen findest du auf Seite 63 ff.

Du könntest auch andere Personen nach ihrer Meinung zu deinen Merkmalen und Eigenschaften befragen und deren Rückmeldungen mit deinen eigenen Vorstellungen vergleichen; man nennt das auch Selbst- und Fremdbildanalyse.

Am besten du fertigst so viele Kopien der folgenden Übung an, wie du Rückmeldungen einholen möchtest. Zuerst trägst du ein, wie du dich selbst einschätzen würdest, dann bittest du deine Freunde, Eltern und andere Personen, die dich gut kennen, das folgende Persönlichkeitsprofil für dich auszufüllen.

Übung

Persönlichkeitsprofil

Merkmal	**sehr stark/ sehr gut**	**stark/gut**	**schwach/ schlecht**	**sehr schwach/ sehr schlecht**
Ist vielseitig begabt und interessiert				
Ist praktisch veranlagt				
Vertraut in die eigenen Fähigkeiten				
Kann sich selbst gut einschätzen				
Kann seine Gefühle beherrschen				
Kann sich in Mitmenschen einfühlen				
Kann andere überzeugen				
Kann sich selbst und andere motivieren				
Ist frei von Vorurteilen				
Ist großzügig und tolerant				
Ist ruhig und ausgeglichen				
Ist engagiert und begeisterungsfähig				
Ist dominant und rücksichtslos				
Ist kontaktfreudig				
Ist vorsichtig und ängstlich				
Ist entscheidungsfreudig				

Merkmal	sehr stark/ sehr gut	stark/gut	schwach/ schlecht	sehr schwach/ sehr schlecht
Kann gut mit anderen zusammenarbeiten				
Kann sich gut in eine Gruppe integrieren				
Hat eine schnelle Auffassungsgabe				
Kann sich verständlich ausdrücken				
Ist verlässlich und pflichtbewusst				
Ist leicht zu enttäuschen				
Ist temperamentvoll				
Entwickelt originelle Ideen				
Hat kreative Fähigkeiten				
Kann Zusammenhänge erkennen				
Kann logische Schlüsse ziehen				

1.2 Was kann ich?

Während deiner Ausbildungszeit hast du dir viele Kenntnisse und Fähigkeiten angeeignet. Du hast Sprachen gelernt, Aufsätze geschrieben, mathematische Probleme gelöst und dich mit berufsbezogenen Themen beschäftigt. Deine Fachkenntnisse bilden die Grundlage für deinen Einstieg ins Berufsleben.

Übung

Fachliche Kompetenz	Meine Fähigkeiten
Sprachen: Muttersprache, Fremdsprachen mündliche und schriftliche Ausdrucksfähigkeit, Grammatik, Wortschatz, Präsentations- und Verhandlungsfähigkeit, Sprachaufenthalte	

Fachliche Kompetenz	Meine Fähigkeiten
Mathematik und Zahlenverständnis: Gefühl für Größenordnungen, abstraktes Denken, logisches Denken, räumliches Vorstellungsvermögen, Denksporträtsel, Strategiespiele	
Wissenschaft: Physik, Chemie, Biologie, Geographie, Geschichte, Philosophie, Psychologie, Theologie	
Kunst und Handwerk: Film, Theater, Literatur, Musik, Tanz, bildende Kunst, Herstellung und Bearbeitung von Holz, Glas, Keramik, Metall, Textilien ...	
Wirtschaft und Recht: Volkswirtschaft, Betriebswirtschaft, Rechnungswesen, Marketing, Controlling, Qualitätsmanagement, Projektmanagement, Recht	
Technik und Ingenieurwesen: Bauwesen, Architektur, Maschinenbau, Elektronik, Textiltechnik, Landwirtschaft, Gartenbau ...	
EDV: Hardware, Netzwerke, Internet, Betriebssysteme, Standardsoftware, Programmiersprachen, Software Engineering, Medientechnik, Computerführerschein, Zertifikate ...	
Spezielle Schulungen und Seminare: Führerschein, Rhetorik, Präsentation, Kommunikation, Verkaufstraining, Projektmanagement, Zeitmanagement	

Darüber hinaus interessiert deinen zukünftiger Arbeitgeber

- deine Einstellung zur Arbeit,
- deine Motivation und Arbeitsorganisation,

- dein Entscheidungs- und Problemlösungsverhalten,
- deine Belastbarkeit und dein Umgang mit Stress,
- deine Bereitschaft und Fähigkeit zur Weiterbildung,
- dein Umgang mit anderen Menschen.

In jedem dieser Bereiche hast du sowohl Stärken als auch Schwächen. Vielleicht bist du sehr zuverlässig, aber ein bisschen langsam, kannst dich selbst gut für eine Sache motivieren, bist in deiner Arbeitsorganisation aber ein bisschen chaotisch. Versuche nun für jeden Bereich möglichst ehrlich deine Stärken und Schwächen aufzuschreiben.

Übung

Typische Merkmale	**Stärken**	**Schwächen**
Einstellung zur Arbeit: zuverlässig, pflichtbewusst, verantwortlich, positiv, fleißig, anpassungsfähig, willig, aktiv, anpackend, engagiert, begeisterungsfähig		
Arbeitsorganisation/Motivation: zielstrebig, planvoll, flexibel, kooperativ, systematisch, geordnet, geduldig, selbständig, ehrgeizig, tatkräftig, anpassungsfähig, aufgeschlossen		
Problemlösungsverhalten: ganzheitlich, kreativ, flexibel, vernünftig, zielorientiert, offen, bestimmt, selbständig, gefühlsbetont, demokratisch, durchsetzungsfähig, überzeugend		
Umgang mit Stress: belastbar, kritikfähig, robust, ausdauernd, abwehrfähig, fit, selbstbewusst, selbstsicher, risikobereit, sicherheitsorientiert		

Typische Merkmale	Stärken	Schwächen
Weiterbildung: interessiert, wissbegierig, eifrig, zielstrebig, karriereorientiert, begabt, einsatzfreudig, vielseitig, befähigt, entwicklungsfähig		
Umgang mit anderen Menschen: kontaktfreudig, aufgeschlossen, tolerant, entgegenkommend, anpassungsfähig, durchsetzungsfähig, einfühlsam, sensibel, zuhörfähig, kommunikativ, ausdrucksstark, konfliktfähig, umgänglich, teamorientiert, diplomatisch, integrationsfähig, kompromissfähig, verhandlungsfähig, begeisterungsfähig		

Manche deiner Schwächen sind für deine spätere Berufstätigkeit hinderlich: unpünktlich, aufbrausend, wankelmütig, intolerant. Andere deiner Schwächen haben auch ihre guten Seiten: wer nicht „nein" sagen kann, ist sehr hilfsbereit, wer wenig entschlussfreudig ist, prüft jede Situation genau bevor er sich entscheidet. Zur Vorbereitung auf deine Bewerbungsgespräche solltest du dir überlegen, welche drei Stärken und – möglichst positive – Schwächen du nennen würdest. Achte darauf, dass du jede Stärke und Schwäche auch anhand von Beispielen belegen kannst. Wenn du einsatzfreudig und engagiert bist, warst du vielleicht einmal Klassensprecher oder Mitglied bei der Freiwilligen Feuerwehr.

Übung

Stärken	Beweise/Beispiele
a)	
b)	
c)	

Schwächen	Beweise/Beispiele
a)	
b)	
c)	

1.3 Was will ich?

Stell dir vor, du bist zu einer Party eingeladen. Alle anderen Gäste sind bereits anwesend und stehen in Gruppen zusammen. Welcher der folgenden Gruppen würdest du dich am liebsten anschließen?

Übung

Gruppe	alle Personen haben folgende Merkmale
a)	technische, mechanische oder handwerkliche Begabung, arbeiten mit Maschinen oder Werkzeugen
b)	können gut rechnen, haben ein Gefühl für Zahlen, achten auf Details, arbeiten gerne nach Anweisungen
c)	können gut organisieren, überzeugen, beeinflussen, führen, arbeiten gerne mit Menschen
d)	können mit der Sprache gut umgehen, informieren und beraten
e)	sind künstlerisch begabt, intuitiv, kreativ, visionär, meistern gern ungewöhnliche Herausforderungen
f)	können gut beobachten, lernen, erforschen, analysieren, lösen gerne schwierige Probleme
g)	können Bedürfnisse anderer Menschen erkennen, pflegen, helfen und heilen gern
h)	arbeiten gerne mit Tieren oder Pflanzen, sind gern im Freien

Ordne die Gruppen nach ihrer Anziehungskraft für dich. Diese Übung gibt dir Auskunft darüber, wie gern du in welchem Umfeld arbeiten möchtest.

Übung

Um den idealen Arbeitsplatz finden zu können, brauchst du eine möglichst klare Vorstellung von deinen Anforderungen. Antworten auf folgende Fragestellungen können dich dabei unterstützen:

Mit welchen Personen möchtest du zusammenarbeiten?

- ☐ mit Kollegen in einer Arbeitsgruppe oder an einem Projekt
- ☐ mit Menschen, die deine Hilfe brauchen
- ☐ mit Menschen, denen du dein Wissen weitergibst
- ☐ mit Menschen, denen du etwas verkaufst
- ☐

Mit welchen Dingen arbeitest du gerne?

- ☐ Maschinen, Werkzeuge, Gartengeräte, Computer, Autos ...
- ☐ Nahrungsmittel, Bekleidung, Einrichtungsgegenstände ...
- ☐

Wofür strengst du dich an?

- ☐ um anderen Menschen zu helfen
- ☐ um schwierige Probleme zu lösen
- ☐ um dein Wissen zu erweitern
- ☐ um im Konkurrenzkampf zu gewinnen
- ☐ um Anerkennung und Sympathie zu bekommen
- ☐ um Macht und Einfluss zu bekommen
- ☐ um Geld zu verdienen
- ☐ um den Arbeitsplatz nicht zu verlieren
- ☐

Den ersten und gleichzeitig wichtigsten Schritt für deinen Bewerbungsprozess hast du nun geschafft: Du kennst deine Ausgangssituation und dein angestrebtes Ziel. Es liegt jetzt an dir, am Arbeitsmarkt ein geeignetes Jobangebot zu finden, das dich deinem Ziel näher bringt.
Wenn du glaubst, dass du für diesen Schritt noch nicht gut genug vorbereitet bist, könntest du eine Berufsinformationsmesse besuchen oder einen Berufsinteressentest durchführen.

2 Arbeitsmarkt und Arbeitgebersuche

Der Arbeitsmarkt ist in Bewegung; alte Berufsfelder werden überflüssig und neue entstehen. Das führt dazu, dass einerseits Menschen ihren Arbeitsplatz verlieren und andererseits Unternehmen keine geeigneten Mitarbeiter für die neu geschaffenen Arbeitsplätze finden können.

2.1 Wie finde ich meinen zukünftigen Arbeitgeber?

Wenn du die Nachrichten aufmerksam verfolgst, erfährst du die wichtigsten Informationen zum Arbeitsmarkt und über Unternehmen, die entweder positiv oder negativ aufgefallen sind, weil sie eine neue Erfindung gemacht haben, neue Märkte erschlossen haben oder aber Standorte schließen mussten. Wichtige Informationen liefert dir auch der Stellenmarkt in den Wochenendausgaben der großen Tageszeitungen. Er enthält Anzeigen von Unternehmen, die Mitarbeiter suchen und Anzeigen von Mitarbeitern, die sich verändern wollen und einen neuen Arbeitsplatz in einem anderen Unternehmen anstreben.

Informationen über Stellenangebote von Unternehmen findest du

- im Stellenmarkt von Tageszeitungen und Fachzeitschriften,
- beim Arbeitsmarktservice (AMS),
- im Internet auf der Homepage von Unternehmen,
- im Internet bei Online-Jobbörsen,
- bei Fachmessen am Ausstellungsstand von Unternehmen,
- im Gespräch mit Freunden, Verwandten und Bekannten
- etc.

Manche Unternehmen wenden sich auch direkt an potenzielle Bewerber:

- Mitarbeiter halten Gastvorträge an Schulen, Fachhochschulen oder Universitäten.
- Sie laden Schüler oder Studenten zu einer Betriebsbesichtigung ein.

- Sie stellen sich im Rahmen einer Messe oder Veranstaltung vor (Fachmesse, Berufsinformationsmesse, Informationstage in Schulen oder Universitäten etc.).
- Sie stellen sich selbst und ihre Jobangebote im Internet auf ihrer Homepage vor.
- Sie bieten freie Stellen im Schaufenster oder auf einer Anzeigetafel am Betriebseingang an.
- Sie stellen Werkstudenten oder Ferialpraktikanten ein.

Wenn du den Stellenmarkt eine Zeit lang gezielt beobachtest, erhältst du einen ganz guten Überblick darüber, welche Möglichkeiten es für dich zurzeit am Arbeitsmarkt gibt: die Anzahl der ausgeschriebenen Stellen und die Wünsche, Anforderungen und Angebote der Arbeitgeber.

Gute Stellenanzeigen informieren dich über

- **das Unternehmen:** Standort, Größe, Internationalität, Bedeutung innerhalb der Branche, Unternehmensphilosophie
- **die ausgeschriebene Stelle:** Bezeichnung, Ziele, Aufgaben, Voraussetzungen, Verantwortung
- **was vom Bewerber erwartete wird:** Ausbildung, Erfahrung, Persönlichkeit
- **was dem Bewerber geboten wird:** Arbeitsumgebung, Entwicklungs- und Aufstiegsmöglichkeiten, Sicherheit, Entlohnung und Sozialleistungen
- **die Kontaktperson** und Möglichkeiten für den Erstkontakt

Eine Stellenanzeige enthält nicht nur die Aufforderung für potenzielle Bewerber, das Unternehmen zu kontaktieren, sondern ist auch ein Signal an Kunden, Lieferanten, Partner und Mitbewerber. Manche Unternehmen ziehen es daher vor, die Stellenanzeige nicht unter dem eigenen Firmennamen zu veröffentlichen. Damit du dich nicht, ohne es zu wissen, bei deinem derzeitigen Arbeitgeber bewirbst, kannst du einen Sperrvermerk vorsehen. „Darf nicht an folgende Unternehmen weitergeleitet werden: x, y, z." Es wäre ziemlich peinlich, wenn der Personalverantwortliche deines derzeitigen Arbeitgebers deine Bewerbung bekommt.

2.2 Was erwartet mein zukünftiger Arbeitgeber?

Je klarer und konkreter die Anforderungen formuliert sind, umso eher kannst du abschätzen, ob deine Möglichkeiten und Vorstellungen den Erwartungen des Unternehmens entsprechen. Manchmal werden die Anforderungen nicht direkt angesprochen, sondern vorsichtig umschrieben. „Wir erwarten, dass Mitarbeiter Überstunden leisten und längere Dienstreisen unternehmen" liest du in der Stellenanzeige als „Wir erwarten Flexibilität und Einsatzfreude und bieten unseren Mitarbeitern regelmäßige intensive Kontakte mit internationalen Kunden und Partnern". Wenn du keine unangenehmen Überraschungen erleben möchtest, solltest du alle Informationen, die du bekommst, möglichst objektiv lesen und analysieren.

Beispiel

Folgende Erwartungen und Angebote kommen häufig in Stellenanzeigen vor:

teamorientiert	arbeitet gerne mit anderen zusammen, gegenseitig verantwortlich
selbständig	plant und organisiert seinen Aufgabenbereich, entscheidungsfreudig
verlässlich	erkennt Regeln an, ist pflichtbewusst, gewissenhaft, genau
kontaktfreudig	geht auf andere Menschen zu, ist teilnahmsvoll, offen, aktiv
flexibel	passt sich neuen Situationen rasch an, ist offen für Änderungen
tatkräftig	packt Probleme an ohne lang nachzudenken, ist lösungsorientiert
analytisch denkend	zerlegt komplexe Aufgaben, erkennt Zusammenhänge, Ursache und Wirkung
sozial kompetent	ist sich seiner selbst bewusst, kann eigenes Verhalten reflektieren, kann Empfindungen und Verhalten anderer erkennen und steuern

Stellenanzeigen enthalten wichtige Informationen über die ausgeschriebene Stelle. Um deine Chancen im Bewerbungsprozess zu verbessern und um dich zu vergewissern, dass du dich im Unternehmen wohl fühlen kannst, solltest du noch weitere Informationen über ein Unternehmen einholen, bei dem du einen Arbeitsplatz suchst:

- Selbstdarstellung im Jahresbericht und in der Werbung
- Selbstdarstellung im Internet und im Rahmen einer Veranstaltung
- Leitbild und Unternehmensphilosophie
- Gebäude und Ausstattung der Verkaufs- und Arbeitsräume
- Qualität und Design von Produkten und Dienstleistungen
- Kleidung und Umgangsformen der Mitarbeiter
- Beziehungen zu Kunden und Partnern

Du kannst diese Informationen ganz einfach bekommen, indem du die Homepage des Unternehmens oder eine Fachmesse besuchst, auf der das Unternehmen mit einem Informationsstand vertreten ist, oder den Betrieb selbst aufsuchst und ihn zunächst nur von außen betrachtest. Wenn es einen Schauraum oder eine Servicestelle gibt, kannst du Interesse für ein Produkt oder eine Dienstleistung vortäuschen, Informationsmaterial einholen und dich beraten lassen. So bekommst du einen Eindruck davon, ob das Leitbild nur die Prospekte füllt oder tatsächlich umgesetzt wird.

2.3 Wer kann mir bei meiner Suche helfen?

Nicht jede offene Stelle wird ausgeschrieben. Du hast daher ganz gute Chancen, einen Job zu bekommen, wenn du bei deiner Suche nach einem Arbeitsplatz dein ganz persönliches Netzwerk einsetzt. Weniger freundlich könnte man dazu auch „Freunderlwirtschaft" oder „Protektion" sagen.

2.3.1 Persönliches Netzwerk

Zum persönlichen Netzwerk zählen:

- deine Eltern und Verwandte
- Bekannte und Freunde deiner Eltern
- deine Lehrer und Ausbildner

- (ehemalige) Berufskollegen und Vorgesetzte
- deine Schul- und Studienkollegen
- deine Freunde und eventuell auch deren Eltern
- Personen, mit denen du gemeinsam Sport betreibst, auf Sprachkurs fährst etc.
- Personen, die du aus deinem Alltag kennst: Nachbarn, Verkäufer im Lebensmittel- oder Sportgeschäft, Frisör etc.
- Personen, die du bei Veranstaltungen kennen lernst

Nütze jede Gelegenheit, um mit Personen in Kontakt zu treten, die dich bei deiner Suche unterstützen können. Dein persönliches Netzwerk beschränkt sich nicht auf eine einmalige Jobsuche, sondern begleitet dich dein Leben lang. Einige Personen fallen heraus, andere kommen dazu. Einmal hilft dir jemand, ein andermal bist du behilflich. So einfach funktionieren Netzwerke. Doch sie wollen auch gepflegt werden:

- regelmäßige Kontaktpflege (persönlich, telefonisch, E-Mail, Grußbotschaften ...)
- ständige Erweiterung durch gegenseitige Verknüpfungen (Personen im Netzwerk von Freunden kennen lernen)
- Anlegen und Pflege einer Netzwerkliste mit aktuellen Kontaktinformationen (Name, Telefonnummer, E-Mail-Adresse, Wohnadresse, Arbeitgeber, Position, persönliche und berufsbezogene Informationen)

Manchmal spielt auch der Zufall eine wichtige Rolle, du solltest ihm daher eine Chance geben. Wenn du dich in die eigenen vier Wände zurückziehst und verbissen an Bewerbungsschreiben arbeitest, wirst du kaum jemanden kennen lernen, der die Kontakte besitzt, die du gerade brauchst.

2.3.2 Stellengesuch über Jobbörsen

Wenn du Zugang zum Internet hast, kannst du deine Daten auch kostenlos in eine Jobbörse eintragen lassen und hoffen, dass potenzielle Arbeitgeber auf dein Stellengesuch antworten. Deine persönlichen Daten sind vor unbefugtem Zugriff geschützt. Informationen über deine Ausbildung, Berufspraxis und über deine Wünsche und Anforderungen an deinen zukünftigen Arbeitsplatz stehen interessierten Unternehmen zur Verfügung. Du wirst menügesteuert aufgefordert, alle wichtigen Informationen einzutragen und findest auch Platz für ein kurzes Anschreiben.

2.3.3 Stellengesuch in Zeitungen

Du kannst als Bewerber natürlich auch selbst ein Inserat in einer Tages- oder Fachzeitung schalten. Es wird im Anzeigenteil unter der Rubrik „Stellengesuche" veröffentlicht. Du kannst davon ausgehen, dass Personalverantwortliche von Unternehmen, die offene Stellen zu besetzen haben, diese Rubrik zumindest überfliegen. Dabei sollte gerade dein Stellengesuch möglichst positiv auffallen. Achte darauf, dass du dein Anliegen möglichst genau bekannt gibst, also Floskeln wie „interessantes Betätigungsfeld" ohne nähere Angaben vermeidest. Die Angaben zu deiner Person sind wichtig und nehmen daher den meisten Platz ein.

Beispiel

Absolventin einer Handelsschule

17 J., Muttersprache Italienisch, sehr gute Kenntnisse in Deutsch und Englisch, Auslandsaufenthalte in Italien und England, Abschluss mit gutem Erfolg, 3 Monate Ferialpraxis an der Rezeption eines Hotels in Tirol, engagiert, hilfsbereit, verlässlich, sucht eine Anstellung in einem

Tourismusbetrieb in Kärnten.

Tel.: (06566) 18 19 20

Konzentriere dich dennoch auf das Wesentliche, da der Platz für dein Stellengesuch schon aus Kostengründen beschränkt ist. Dein Name scheint nicht auf, dafür aber entweder deine Telefonnummer, unter der du auch tagsüber erreichbar bist, deine E-Mail-Adresse oder eine Chiffre-Zahl für Zuschriften an den Verlag. Telefon und E-Mail sind unkomplizierter und ermöglichen den unmittelbaren persönlichen Kontakt.

2.3.4 Initiativbewerbung

Wenn du dich bei einem Unternehmen bewirbst, das gar keine Stelle ausgeschrieben hat, hast du trotzdem ganz gute Chancen aufgenommen zu werden. Es könnte nämlich sein, dass das Unternehmen zwar Mitarbeiter aufnehmen will, aber noch keine Inserate geschaltet hat. Da Inserate ziemlich kostspielig und Zeit raubend sein können, wenn sich sehr viele Bewerber melden, wirst du vielleicht aufgenommen, bevor andere davon erfahren. Du hast daher keine Konkurrenz, gegen die du dich durchsetzen musst.

Übung

Vor einer Initiativbewerbung solltest du folgende Fragen für dich selbst und für das Bewerbungsschreiben klären:

- **Warum will ich mich gerade bei diesem Unternehmen bewerben?**
  - ☐ Unternehmensphilosophie
  - ☐ Produkte, Dienstleistungen, Ruf in der Branche
  - ☐ Erfahrung als Werkstudent oder Ferialpraktikant
  - ☐ Empfehlung von Bekannten
  - ☐ etc.
- **Welchen (besonderen) Beitrag kann ich für das Unternehmen leisten?**
  - ☐ Sehr gute Kenntnisse in der Konzernsprache
  - ☐ Praktische Erfahrung mit den Produkten
  - ☐ Spezielle Kenntnisse, die im Unternehmen gebraucht werden
  - ☐ etc.
- **Wer ist die richtige Ansprechperson?**
  - ☐ Telefonisch nachfragen

Bevor eine Stelle ausgeschrieben wird, durchsucht der Personalverantwortliche meistens alle eingegangenen Initiativbewerbungen. Von Schülern und Studenten wird sogar erwartet, dass sie die Initiative ergreifen und sich unaufgefordert bewerben. Viele Betriebe nehmen regelmäßig Absolventen für das interne Trainee-Programm auf.

3 Kontaktaufnahme mit potenziellen Arbeitgebern

Wenn du beschlossen hast, dich bei einem Unternehmen zu bewerben, bringst du als ersten Schritt den Namen des Mitarbeiters in Erfahrung, der für deine Bewerbung verantwortlich ist. In kleineren Unternehmen sind Bewerbungen Chefsache: Der Geschäftsführer kümmert sich persönlich um die Aufnahme neuer Mitarbeiter, und Bewerbungen sind daher direkt an ihn zu richten. In größeren Unternehmen gibt es einen Personalverantwortlichen oder eine Personalabteilung mit mehreren Mitarbeitern.

In Stelleninseraten ist meistens eine Kontaktperson genannt. Ebenso, wenn die Stelle im Internet auf der unternehmenseigenen Homepage ausgeschrieben ist. Vor einer Initiativbewerbung und falls du nicht sicher bist, wer als Empfänger deiner Bewerbung in Frage kommt, kannst du telefonisch nachfragen:

Beispiel

> „Guten Tag, mein Name ist Lisa Schlau. Ich möchte mich bei Ihnen als Ferialpraktikantin (Buchhalterin, Verkäuferin ...) bewerben. Können Sie mir sagen, an wen ich mein Bewerbungsschreiben adressieren soll?"

Wahrscheinlich nennt dir der Mitarbeiter an der Rezeption den Namen des verantwortlichen Mitarbeiters, vielleicht wirst du auch gleich mit der entsprechenden Person verbunden. Sei also darauf vorbereitet, ein erstes Bewerbungsgespräch gleich am Telefon zu führen.

3.1 Wie kann ich mich bewerben?

Es gibt viele unterschiedliche Möglichkeiten, wie du dich bei einem Unternehmen bewerben kannst:

- Bewerbungsschreiben als Brief
- Bewerbungsschreiben als E-Mail
- Bewerbungshomepage

- Telefonanruf
- persönliche Vorsprache
- Kontaktaufnahme während einer Veranstaltung
- etc.

Schon die Art, wie du dich bewirbst, sagt viel über dich aus. Ein Telefonanruf erfordert mehr Mut als eine schriftliche Bewerbung. Die persönliche Vorsprache ist im Supermarkt, im Schuhgeschäft oder in der Boutique sinnvoll, bei großen Unternehmen wie Banken oder Versicherungen als Erstkontakt nicht anzuraten. Mit der schriftlichen Bewerbung gehst du am wenigsten Risiko ein. Du selbst hast ausreichend Zeit, am Inhalt und an der Formulierung zu feilen und der Empfänger kann sich frei entscheiden, wann er sich mit deinen Unterlagen beschäftigen will. Ob du die Post oder das Internet zum Verschicken einsetzt, hängt einerseits von deinen eigenen Voraussetzungen und andererseits von der Einstellung und den Möglichkeiten des Unternehmens ab. In der Computer- und Multimediabranche ist das Internet empfehlenswert, ansonsten solltest du dich an den Angaben im Inserat orientieren oder lieber vorher nachfragen.

3.1.1 Bewerbungsschreiben als Brief

Wenn du dich schriftlich bewirbst, besteht dein Bewerbungsschreiben immer aus

- dem Anschreiben (Werbung für dich als zukünftigen Mitarbeiter),
- dem Lebenslauf (gut gegliederte Informationen zu deiner Person).

Was du darüber hinaus noch ergänzen kannst:

- die „Seite Drei" (zusätzliche Informationen über dich selbst)
- Zeugniskopien (Abschlusszeugnis, Dienstzeugnis)
- Dokumente in Kopie (nur auf ausdrücklichen Wunsch mitschicken)

Die schriftliche Form wird von den meisten Bewerbern bevorzugt. Größere Unternehmen erhalten daher täglich eine Flut von Bewerbungsschreiben, die in möglichst kurzer Zeit bearbeitet werden müssen. Der Personalverantwortliche, das ist die Person, die sich mit Bewerbungen im Allgemeinen und damit auch mit deiner Bewerbung beschäftigt, widmet jedem Bewerbungsschreiben (Anschreiben + Lebenslauf + „Seite Drei" + Zeugniskopien + ...) eine bis maximal fünf Minuten. Dann ist entschieden, ob du sofort aus dem Bewerbungsprozess ausscheidest oder in die nächste Stufe vorrückst.

Damit dein Bewerbungsschreiben nicht schon bei der ersten Durchsicht ausgeschieden wird, solltest du dich von deiner allerbesten Seite zeigen und das Bewerbungsschreiben bestmöglich vorbereiten und gestalten. Ein und dasselbe Bewerbungsschreiben an mehrere Unternehmen auszuschicken, ist daher das Briefporto nicht wert. Ein gut geschulter Personalverantwortlicher erkennt sofort, ob du dein Bewerbungsschreiben dem konkreten Unternehmen oder der ausgeschriebenen Stelle angepasst hast, oder ob du ein und dasselbe Schreiben für mehrere Bewerbungen verwendest. Bewerber, denen schon die Anpassung zu mühevoll ist, signalisieren daher eher Bequemlichkeit als besondere Einsatzfreude.

Mit deinem Bewerbungsschreiben sagst du sehr viel über dich selbst aus, mehr als dir vielleicht bewusst oder lieb ist. Wenn du dein Bewerbungsschreiben guten Freunden zeigst, können sie dir hilfreiche Rückmeldungen geben. Es gibt auch viele mehr oder weniger gute Vorlagen, die dir als Orientierungshilfe dienen können. Letztendlich ist es aber deine Aufgabe, dich über dein Bewerbungsschreiben dem Unternehmen als bestmögliche Person zur Besetzung der offenen Stelle anzubieten.

Viele Unternehmen, die keine Bewerbungsbögen ins Internet stellen, bevorzugen die schriftliche Bewerbung, die der Bewerber als Brief versendet. Briefe sind frei von Viren, müssen nicht ausgedruckt werden und können bequem eingeordnet und mit anderen Bewerbungsschreiben verglichen werden.

3.1.2 Bewerbungsschreiben als E-Mail

E-Mails sind unkomplizierter und billiger als Briefe: Postwege entfallen ebenso wie Gebühren und die Zeitspanne vom Abschicken bis zum Empfang einer E-Mail beträgt nur einige Minuten. Manche E-Mails enthalten im Anhang Texte, Bilder, Videos oder andere Informationen. Da der Anhang mit Viren verseucht sein kann, die beim Empfänger erheblichen Schaden verursachen, ist ganz allgemein Vorsicht geboten. Manche Personalverantwortliche scheuen sich daher davor, Anhänge zu öffnen. Damit du sicher sein kannst, dass deine Bewerbungsunterlagen auch vollständig gelesen werden, solltest du dich vorher – am besten telefonisch oder über ein kurzes E-Mail – danach erkundigen, ob Anhänge erwünscht sind.

Was du nach Rücksprache mit dem Personalverantwortlichen im Anhang mitschicken kannst:

- Anschreiben, „Seite Drei" und Lebenslauf - mit einem gebräuchlichen Textverarbeitungsprogramm erstellt
- Bild - als eigene Datei, damit der Lebenslauf schneller geladen werden kann

Was du nicht im Anhang mitschicken solltest:

- eingescannte Kopien von Zeugnissen und Dokumenten
- eine PowerPoint-Präsentation zu deiner Person

Manche Unternehmen bieten für die E-Mail-Bewerbung auch spezielle Formulare an, die du dann selbstverständlich verwenden musst. E-Mails wurden früher eher informell und in einem lockeren Schreibstil gehalten.

Bewerbungsschreiben sind allerdings, egal über welches Kommunikationsmedium sie übermittelt werden, immer offizielle Schreiben. Kleinschreibung, Abkürzungen und Smilies sind daher absolut fehl am Platz.

E-Mails können innerhalb eines Unternehmens sehr einfach gelesen, kopiert und weitergeleitet werden. Achte daher darauf, dass du deine E-Mail an den richtigen Empfänger und nicht an einen allgemeinen Sammeleingang schickst. Du kannst davon ausgehen, dass der Personalverantwortliche schon beim Lesen der Betreffzeile erkennen möchte, was dein Anliegen ist. *„Bewerbung als Ferialpraktikant"* ist aussagekräftiger als *„Bewerbung Max Meier"*. Das Bewerbungsschreiben selbst unterscheidet sich in Inhalt und Gliederung nicht von der allgemein üblichen Form: Anschreiben, tabellarischer Lebenslauf und vielleicht noch eine „Seite Drei".

Nicht jedes Programm zum Lesen und Bearbeiten von E-Mails verwendet die gleichen Zeichensätze und Regeln. Schicke daher deine E-Mail-Bewerbung zunächst nur an dich selbst und versuche sie mit den häufig verwendeten E-Mail-Programmen zu öffnen und zu lesen. Sobald du deine Bewerbung abgeschickt hast, solltest du täglich deine E-Mails bearbeiten. Das Internet ist ein schnelles Medium und der Personalverantwortliche erwartet von dir, dass du ebenso schnell reagierst, wenn er dich um einen Anruf oder um weitere Unterlagen ersucht.

Verwende niemals die E-Mail-Adresse deines Arbeitgebers, sondern immer deine private E-Mail-Adresse. Im Geschäftsleben sind E-Mail-Adressen nach dem Schema vorname.nachname@provider.at üblich. Solltest du privat keinen Internetzugang haben, richte dir eine kostenlose E-Mail-Adresse von einem entsprechenden Anbieter ein, die du von jedem PC mit Internetzugang abrufen kannst.

3.1.3 Bewerbungshomepage

Du kannst auch eine eigene Bewerbungshomepage gestalten und ins Internet stellen. In der Computer- und Multimediabranche kommt diese Methode besonders gut an, bei kleineren und eher konservativen Unternehmen kannst du aber nicht davon ausgehen, dass jeder Personalverantwortliche deine Homepage öffnet.

Achte darauf, dass die angebotenen Informationen nicht zu persönlich sind. Deine Freunde freuen sich vielleicht über Bilder aus dem Urlaub oder von der letzten Party, doch was soll der Personalverantwortliche damit anfangen? Richte daher entweder eine eigene Bewerbungshomepage ein oder verzichte darauf, die Adresse deiner persönlichen Homepage bekannt zu geben.

Eine sorgfältig gestaltete Bewerbungshomepage hat mehrere Vorteile:

- ausreichend Platz für sehr ausführliche Informationen
- Texte und Bilder sind einfach zu ergänzen und daher immer aktuell
- Zeugnisse, Diplome und sonstige Dokumente können einfach eingescannt und zur Verfügung gestellt werden
- Informationen sind jederzeit und überall leicht abrufbar
- Informationen können ausgedruckt und weiterverschickt werden
- für den Bewerber entfallen Kopier-, Druck- und Versandkosten

Deine Bewerbungshomepage ist allgemein gehalten und kann daher kein konkretes Anschreiben enthalten. Stattdessen informierst du auf der Startseite die Besucher über den Aufbau deiner Homepage, die folgende Elemente enthalten wird:

- tabellarischer Lebenslauf
- deine Ziele und deine Motivation – die „Seite Drei"
- Abschlusszeugnis
- Arbeitszeugnisse/Ferialpraxisbestätigungen

- Arbeitsproben - Diplomprojekt, Schulprojekte, Präsentationen ...
- Sprachaufenthalte
- Weiterbildung
- Kontaktinformationen

Mit der Gestaltung deiner Homepage wirbst du für dich selbst. Konzentriere dich daher auf deine Botschaft und verzichte auf störende Ablenkungen. Der Personalverantwortliche will nämlich nicht die Leistungsfähigkeit deiner Software, sondern dich als Person kennen lernen.

Deine Bewerbungshomepage kannst du auch auf einer CD-ROM abspeichern und wie eine Visitenkarte persönlich überreichen.

3.1.4 Telefonanruf

In manchen Stelleninseraten wird die telefonische Bewerbung ausdrücklich empfohlen, in anderen als eine Möglichkeit von mehreren genannt. Es liegt dann an dir als Bewerber, ob du diese Form der Kommunikation wählen möchtest. Das Telefon verbindet dich sehr schnell mit dem Personalverantwortlichen. Postwege und die Zeit für treffende Formulierungen entfallen zwar, dennoch solltest du dich auf jedes Telefonat genauso sorgfältig vorbereiten wie für ein persönliches Gespräch.

Das Telefon ist besonders nützlich, wenn du offene Fragen klären möchtest:

- Details zur Stellenanzeige in Erfahrung bringen
- Nachfragen, ob die Stellenanzeige noch aktuell ist,
- oder an wen das Bewerbungsschreiben zu richten ist

Wenn du den Personalverantwortlichen schon am Telefon kennen gelernt hast, kannst du dich in deinem Bewerbungsschreiben darauf beziehen. Vielleicht ein kleiner Vorteil für dich, immerhin hast du schon bewiesen, dass du mutig bist und weißt, wie man im Geschäftsleben telefoniert.

3.1.5 Persönliche Vorsprache

Unangemeldet für ein Bewerbungsgespräch vorbeizukommen ist ziemlich riskant, aber in kleineren Unternehmen, im Verkauf oder in der Gastronomie oft Erfolg versprechend. Wenn du einen günstigen Zeitpunkt wählst, kannst du dich vielleicht direkt beim Inhaber, Geschäftsführer oder Filialleiter vorstellen und dein Anliegen vorbringen. Ohne vorherige Terminvereinbarung hast du vielleicht Glück und überzeugst mit deinem Auftreten. In großen Unternehmen und wenn du vermeiden möchtest, zu einer unpassenden Gelegenheit zu kommen, ist es empfehlenswert, telefonisch einen Termin für eine persönliche Vorsprache zu vereinbaren.

Du kannst deine Bewerbungsunterlagen auch persönlich vorbeibringen, statt sie mit der Post zu schicken. Wenn du sie nicht gleich beim Portier abgibst, sondern in der zuständigen Abteilung, hast du vielleicht Gelegenheit zu einem kleinen Gespräch mit einem Mitarbeiter, der dir mehr über das Alltagsleben in dem Betrieb erzählen kann. Dabei kannst du Eindrücke und wertvolle Informationen für das Bewerbungsgespräch sammeln.

3.1.6 Veranstaltung

Fachmessen, Hausmessen, Tage der offenen Tür und ähnliche Veranstaltungen sind gute Gelegenheiten, um sich bei einem Unternehmen vorzustellen und nach einem kurzen Gespräch einen guten Eindruck zu hinterlassen. Damit sich dein Gesprächspartner auch nach der Veranstaltung noch an dich erinnert, kannst du ihm eine Visitenkarte oder eine CD-ROM mit dem Inhalt deiner Homepage überreichen. Visitenkarten sind auch in kleiner Anzahl mit einem Computer und einem speziellen Papier einfach herzustellen.

3.2 Was gehört in meine Bewerbungsmappe?

Für den ersten Kontakt mit einem Unternehmen besteht dein Bewerbungsschreiben üblicherweise aus folgenden drei Teilen:

- Anschreiben
- Lebenslauf
- „Seite Drei"

Im Anschreiben begründest du, warum du für die ausgeschriebene Stelle bestens geeignet bist. Im tabellarischen Lebenslauf beschreibst du deine Ausbildung, deine besonderen Kenntnisse und Fähigkeiten und deine berufliche Erfahrung. Mit der „Seite Drei" hebst du dich von deinen Mitbewerbern ab. Die meisten Bewerber und auch viele Personalverantwortliche kennen diese besondere Möglichkeit zur Selbstdarstellung nämlich noch nicht und sind deshalb neugierig auf den Inhalt.

Manchmal möchte der Personalverantwortliche weitere Informationen über dich erhalten: Kopien von Abschluss- und Dienstzeugnissen oder von Dokumenten, Teilnahmebestätigungen von Kursen und Seminaren, Arbeitsproben, Referenzen etc. Es ist wichtig, dass du niemals Originale, sondern nur Kopien schickst. Der Personalverantwortliche wird deine Unterlagen vielleicht ablegen oder wegwerfen, jedenfalls nicht wieder an dich zurückschicken. Wenn in der Anzeige steht: „Senden Sie Ihre aussagekräftigen und vollständigen Bewerbungsunterlagen an ..." ist das ein Hinweis darauf, dass Anschreiben und Lebenslauf wahrscheinlich zu wenig sind. Um sicher zu gehen, dass du die richtigen Unterlagen mitschickst, kannst du den Personalverantwortlichen anrufen, bevor du dein Bewerbungsschreiben formulierst und abschickst. Dein Vorteil: Du kannst einen ersten guten Eindruck hinterlassen und dich in der Einleitung bereits auf das Telefonat beziehen.

Wenn du zu deinem Anschreiben mehr als den Lebenslauf und die „Seite Drei" mitschickst, solltest du eine Bewerbungsmappe anlegen. Verwende dazu nicht irgendeine alte Mappe, sondern eine neue Mappe aus Karton oder Plastik in einer freundlichen und dezenten Farbe ohne Musterung. Zu teuer sollte die Mappe allerdings auch nicht sein, das wirkt protzig und lohnt den Aufwand nicht. Der Inhalt ist allemal wichtiger als die Mappe selbst.

Auf eine ausgeschriebene Stelle bewerben sich manchmal hundert und mehr Personen, daher setzen manche Unternehmen standardisierte Bewerbungsbögen ein, die mit Computerprogrammen ausgewertet werden können. Mit dieser Methode kann zwar nicht der beste Bewerber herausgefunden, aber eine erste Vorauswahl getroffen werden.

Bewerbungsbogen

Bewerbungsbögen findest du häufig bei Stellenangeboten im Internet. Manche Bögen sind als Druckvorlage vorhanden, die du ausdrucken und ausfüllen musst, andere kannst du gleich als Online-Formular ausfüllen und abschicken.

Folgende Felder sind übliche Bestandteile eines Bewerbungsbogens:

- Bewerbung als ...
- frühester Eintrittstermin
- Name
- Adresse, Telefon, Mobiltelefon, E-Mail
- Geburtsdatum und Ort
- Familienstand, Staatsbürgerschaft
- Schulbildung: von – bis, Schulart, Abschluss
- Berufsausbildung: von – bis, Ausbildungsbetrieb, Ausbildungsberuf
- Berufliche Fortbildung: Jahr, Dauer, Inhalt
- Praktika/Berufserfahrung: von – bis, Betrieb, Beschreibung der Aufgaben
- Auslandsaufenthalte: von – bis, Land, Zweck, Tätigkeiten
- Weitere Angaben: Sprachkenntnisse, IT- Kenntnisse, Spezialkenntnisse, Führerschein ...

Bewerbungsbögen können ganz unterschiedlich aufgebaut sein und meistens gibt es auch eine Ausfüllhilfe dazu. Damit du sicher sein kannst, alle Felder vollständig und exakt ausfüllen zu können, solltest du alle wichtigen Unterlagen griffbereit zur Verfügung haben. Meistens ist auch ein Feld zur freien Gestaltung deines Anschreibens dabei. Achte besonders auf Tipp- und Rechtschreibfehler.

3.3 Wie formuliere ich mein Anschreiben?

Mit dem Anschreiben machst du Werbung für dich selbst. Es ist neben dem Lebenslauf der wichtigste Bestandteil deiner Bewerbungsunterlagen. Vielleicht fällt es dir leichter, für ein Produkt oder eine Idee zu werben als für dich selbst, doch die zugrunde liegende Methode ist die gleiche:

- Aufmerksamkeit und Interesse wecken
- den Wunsch entstehen lassen, dich kennenzulernen

Du kannst davon ausgehen, dass der Personalverantwortliche täglich einen Korb voller Bewerbungen erhält, die er bearbeiten muss. Er überfliegt zunächst das Anschreiben, dann den Lebenslauf und alle weiteren Informationen. Da viele Bewerber ziemlich einfallslos in der Gestaltung Ihrer Bewerbungsunterlagen sind, freut sich der Personalverantwortliche über jede sorgfältige und interessante Bewerbung und widmet ihr daher mehr Zeit als den anderen. Wenn es dir gelingt, dich von der Masse aller Bewerbungen hervorzuheben, hast du die erste Hürde bereits gemeistert.

Beispiele

Bei der Gliederung ist es gut, den Erwartungen des Personalverantwortlichen zu folgen, bei der Formulierung ist es besser, ihn zu überraschen:

1. **Name und Adresse des Bewerbers**
   Einen ansprechenden Briefkopf gestalten
2. **Name und Adresse des Empfängers**
   Auf die richtige Schreibweise achten
3. **Ort und Datum**
   Der Ort ist nur dann wichtig, wenn es nicht der zukünftige Einsatzort ist.
4. **Betreff: Die Stelle, um die du dich bewirbst**
   Das Wort „Betreff" kommt nicht vor,
   der Text wird größer und fett gedruckt.
5. **Anrede**
   „Sehr geehrte Damen und Herren!" ist nur dann richtig, wenn du den Namen des Personalverantwortlichen nicht in Erfahrung bringen kannst.
   „Sehr geehrte Frau Meier!" oder *„Sehr geehrter Herr Meier!"* – achte auf die richtige Schreibweise und auf eventuelle Titel. Nach dem Rufzeichen (!) schreibst du in der übernächsten Zeile groß weiter, nach einem Beistrich (,) setzt du den Text in Kleinbuchstaben fort.
6. **Einstieg mit Bezug zur Stelle/bei Initiativbewerbungen zum Unternehmen**
   Vermeide die Formulierung *„Hiermit bewerbe ich mich ..."*
   Mit diesem Anfang beginnen nämlich die meisten Bewerbungsschreiben.
   Besser:
   „Ihre Anzeige im ... hat mich neugierig gemacht."
   „Mit großem Interesse habe ich Ihre Anzeige gelesen und möchte mich Ihnen als Absolvent der ... vorstellen."

„Ich bin Schüler der ... und habe mit großem Interesse gelesen, dass Sie ..."
„Ich interessiere mich für die von Ihnen ausgeschriebene Position als ..."

Falls du dich schon auf ein Telefonat oder ein persönliches Gespräch beziehen kannst: *„Vielen Dank für das ausführliche Gespräch."*

Falls du dich für eine Stelle bewirbst, für die du auch private Erfahrung einbringst: *„Beruf und Hobby miteinander zu verbinden, ist für mich als Schüler/Absolvent der ... eine besondere Herausforderung. Ihre Anzeige ... hat mich daher sofort angesprochen."*

7. **Interesse am Unternehmen zeigen**
   Die dafür notwendigen Informationen beziehst du bei größeren Unternehmen aus Prospektmaterial, den Medien oder dem Internet, bei kleineren über persönliche Kontakte.
   „Ich würde gerne in einem jungen österreichischen Unternehmen arbeiten, das international konkurrenzfähige ... entwickelt und vertreibt."
   „Ich kaufe seit vielen Jahren regelmäßig bei ... ein und bin sowohl mit der Qualität der Produkte als auch mit der Beratung immer sehr zufrieden."
   „Es würde mir sehr gefallen, meinen Beitrag für den Erfolg Ihres Unternehmens leisten zu dürfen, das nicht nur in seiner Branche hohes Ansehen genießt, sondern sich auch aktiv für ... einsetzt."

8. **Warum gerade du die richtige Person bist**
   Beziehe dich auf einige wichtige Anforderungen im Stelleninserat und belege deine Fähigkeiten, indem du stichhaltige Beweise lieferst. Wenn in der Anzeige eine kundenorientierte Arbeitseinstellung verlangt wird, kannst du darauf eingehen, indem du erwähnst, dass du Klassensprecher, Biologieordner oder Umweltverantwortlicher deiner Klasse warst.
   „Als Absolvent einer Handelsakademie mit Schwerpunkt Informationstechnik erfülle ich fachlich die von Ihnen erwarteten Voraussetzungen:
   Kenntnisse in Buchhaltung und Kostenrechnung, Textverarbeitung und Tabellenkalkulation ..."

9. **Nächster Schritt**
   Vermeide Formulierungen wie *„Falls Sie noch irgendwelche Fragen haben, stehe ich Ihnen selbstverständlich jederzeit zur Verfügung."* Der erste Teil des Satzes klingt ziemlich überheblich (Ich

habe ohnehin schon alles gesagt, aber falls Sie etwas schwer von Begriff sind, dann ...), im zweiten Teil versprichst du etwas, was du gar nicht halten kannst, du hast nämlich auch andere Verpflichtungen als zur Verfügung zu stehen.
Besser:
„Ich würde mich freuen, wenn Sie mich zu einem persönlichen Gespräch einladen.“
„Wenn meine Bewerbung Ihr Interesse geweckt hat, freue ich mich über eine Einladung zu einem Vorstellungsgespräch.“
„Für weitere Auskünfte stehe ich Ihnen gern in einem persönlichen Gespräch zur Verfügung.“

10. Abschluss
„Hochachtungsvoll“ ist nicht mehr üblich.
Besser:
„Mit freundlichen Grüßen“

11. Anlage
Falls du eine ganze Mappe mit Bewerbungsunterlagen mitschickst, führst du nur die Mappe an, falls du nur wenige Unterlagen mitschickst, führst du jede Unterlage extra an.
„Bewerbungsmappe“ oder *„Abschlusszeugnis, Ferialpraxisbestätigung“*

Für ein wirkungsvolles Anschreiben solltest du dir ausreichend Zeit reservieren:

- Informationen über das Unternehmen einholen
- die Stellenanzeige sorgfältig analysieren, damit du die passenden Argumente und Schlüsselwörter für dein Anschreiben herausfinden kannst
- mindestens 2 Varianten ausformulieren und mit Personen deines Vertrauens besprechen
- eine Nacht überschlafen
- weitere Korrekturen vornehmen
- auf Vollständigkeit und Übereinstimmung überprüfen (z.B. gleiches Datum für alle Bewerbungsunterlagen)
- gemeinsam mit den anderen Bewerbungsunterlagen abschicken

Das Anschreiben sollte niemals länger als eine Seite sein. Der erste Satz macht neugierig und der letzte Satz enthält eine freundliche Aufforderung zu einem Bewerbungsgespräch.

Beispiel

Das Beispiel von Seite 36, wie ein Anschreiben gestaltet sein könnte, bezieht sich auf die unten stehende Stellenanzeige:

Telekommunikationsunternehmen in Wien 2

bietet

CALL CENTER AGENT

eine interessante Dauerstelle zum sofortigen Eintritt.

Zur Verstärkung unseres Teams bieten wir einem jungen engagierten Call Center Agent interessante Ganztagsposition im Bereich Customer Service.

Aufgabengebiet: Betreuung der externen Kunden in den Belangen:
Auskunftserteilung
Auftragsannahme
Beschwerdemanagement

Arbeitszeiten: 40 Stunden pro Woche im Zeitraum von:
Montag bis Sonntag 7:00–22:00 Uhr!
Achtung: keine freie Diensteinteilung möglich!

Voraussetzungen: akzentfreie Deutschkenntnisse,
MS-Office-Kenntnisse: Word, Excel, Outlook,
Praxis im Bereich der telefonischen Kundenbetreuung,
Bereitschaft zur Weiterbildung,
Teamfähigkeit

Wenn Sie Interesse für die Telekommunikationsbranche mitbringen,
den aktiven Kundenkontakt nicht scheuen
und ein fixes Mitglied in unserem Team werden möchten,
dann freue ich mich über Ihre rasche Bewerbung!

Anja Müller, E-Mail: anja.mueller@personalberater.at

Mit folgendem Schema kannst du die Stellenanzeige analysieren, als Vorbereitung für das Anschreiben, den Lebenslauf und die „Seite Drei". Zunächst markierst du die Schlüsselwörter in der Anzeige mit einem hellen Markierungsstift. Dann schreibst du die wichtigsten Inhalte in die Spalte „Informationen aus dem Text" und versuchst für jede Zeile etwas zu finden, wie du darauf eingehen kannst. Du musst im Bewerbungsschreiben keineswegs auf alle Anforderungen eingehen oder alles, was du dir notiert hast, einbringen.

Beispiel

Informationen aus dem Text	Wie ich darauf eingehen kann
Stelle: Call Center Agent	im Betreff angeben
Sofortiger Eintritt	wann kann/will ich frühestens beginnen? sofort
Betreuung externer Kunden: Auskunft erteilen Auftragsannahme Beschwerdemanagement	Ferialpraxis an der Rezeption eines Hotels, schwierige Kunden, musste alle auf einmal betreuen
Keine freie Dienstein-teilung	keine sonstigen Verpflichtungen, keine regelmäßigen Fixtermine → im Anschreiben nicht darauf eingehen „Seite Drei": Einsatz für interessantes Aufgabengebiet ...
Akzentfreie Deutschkenntnisse	Muttersprache → Lebenslauf
MS-Office-Kenntnisse: Word, Excel, Outlook	Computerführerschein ECDL → Lebenslauf
Praxis im Bereich der telefonischen Kunden-betreuung	Ferialpraxis an der Rezeption eines Hotels: ☐ Kundenwünsche bearbeiten ☐ Auskunft persönlich und telefonisch ☐ Bedienung der komplexen Telefon-anlage

Informationen aus dem Text	Wie ich darauf eingehen kann
Bereitschaft zur Weiterbildung	in der Freizeit Sprachkurs besucht Sprachaufenthalte in ...
Teamfähigkeit	Gruppenarbeit im Unterricht Im Hotel: Zusammenarbeit mit Personal
Interesse für die Telekommunikationsbranche	technisch interessiert, Zukunftsbranche, High Tech – High Touch → „Seite Drei"
aktiven Kundenkontakt nicht scheuen	Telefoninterviews: ehemalige Schüler nach Berufstätigkeit, Studium, sonstige Weiterbildung befragen (Schulprojekt)
Mitglied in unserem Team werden	??
Ihre rasche Bewerbung	heute schreiben, morgen überarbeiten und schicken
Anja Müller, E-Mail: anja.mueller@personalberater.at	Sehr geehrte Frau Müller!

Beispiel

So könnte dein Anschreiben als Brief gegliedert sein:

Dein Name und deine Adresse	
Name und Adresse des Empfängers	
Datum	
Betreff	**Bewerbung als CALL CENTER AGENT**
Anrede	Sehr geehrte Frau Müller!
Einstieg mit Bezug zur Anzeige	Ihre Anzeige in ... hat mich neugierig gemacht.

Interesse am Unternehmen/ an der Branche zeigen	Die Telekommunikationsbranche verbindet Menschen mit modernster Technik, die so gut funktionieren muss, dass sie kinderleicht zu bedienen ist und dennoch höchsten Ansprüchen genügt.
Warum gerade du die richtige Person bist	Als Absolventin einer Handelsakademie mit Schwerpunkt Informationstechnologie erfülle ich fachlich die von Ihnen erwarteten Voraussetzungen. In den Ferien habe ich praktische Erfahrungen im Umgang mit Kunden gesammelt; ich war in einem Hotel in der Steiermark an der Rezeption tätig, wo ich Kundenwünsche bearbeitet und telefonische Auskünfte erteilt habe. Es würde mir sehr gefallen, in einem zukunftsorientierten Unternehmen als Call Center Agent die Kunden aktiv und bestmöglich zu betreuen. Da ich gleich nach meinem Schulabschluss Urlaub gemacht habe, könnte ich die Stelle sofort antreten.
Nächster Schritt	Für weitere Auskünfte stehe ich Ihnen gerne in einem persönlichen Gespräch zur Verfügung.
Abschluss	Mit freundlichen Grüßen Deine Unterschrift Dein Vorname und Nachname (gedruckt)
Anlagen	Lebenslauf, Maturazeugnis in Kopie

Das Anschreiben ist eher kurz gehalten. Es soll den Personalverantwortlichen neugierig machen. Die Details erfährt er ohnehin aus deinem Lebenslauf, deine Lebensphilosophie in der „Seite Drei".

Wie bereits auf Seite 24 erwähnt, solltest du so genannte „Massenbewerbungen" vermeiden. Das sind Bewerbungsschreiben, die in gleicher Form und mit gleichem Inhalt an mehrere Unternehmen geschickt werden. Ein geschulter Personalverantwortlicher erkennt sofort, ob dein Anschreiben und dein Lebenslauf Standardversionen sind, oder ob du sie an die konkrete Stellenanzeige angepasst hast.

Das Grundgerüst ist zwar immer dasselbe, der Inhalt jedoch verschieden. Ein wichtiges Detail ist das Datum; es sollte im Anschreiben und im Lebenslauf gleich sein.

Im Folgenden findest du einige Anregungen, wie du ungünstige Formulierungen mit wenigen Änderungen ansprechend gestalten kannst.

Beispiele

☹ Wie ich dem ... entnehmen konnte, benötigt Ihr Unternehmen einen Buchhalter.

Begründung: Datum fehlt, Worthülse, ungünstig formuliert

☺ **Bewerbung als Buchhalter**

Ihre Anzeige im ... vom 3. März 2005

☹ Da ich davon überzeugt bin, dass die von Ihnen angebotene Stelle als Sachbearbeiterin sehr zu meinen Fähigkeiten und Interessen passt, möchte ich mich hiermit bei Ihnen bewerben.

Begründung: ich-bezogen, „dick aufgetragen", altmodisch

☺ **Bewerbung als Sachbearbeiterin**

Sehr geehrte Frau Mag. Müller,

Sie beschreiben in Ihrer Anzeige in ... vom 29. Jänner 2005 eine berufliche Aufgabe, die mich sehr interessiert und meinen Fähigkeiten entspricht.

☹ Nach ausführlicher Suche nach freien Stellen bin ich auf Ihre Firma aufmerksam geworden und denke bei Ihnen jene Praxis zu erlangen, die ich brauche, um mich voll zu entfalten.

Begründung: ungünstige Wortwahl, ich-bezogen

☺ Mit großem Interesse habe ich Ihre Anzeige gelesen und möchte mich Ihnen als Absolvent einer Höheren Technischen Lehranstalt für Maschinenbau vorstellen. Ich habe meine Ausbildung mit gutem Erfolg abgeschlossen und freue mich schon darauf, meine Kenntnisse auch in der Praxis anwenden zu können.

☹ Ich würde mich sehr freuen, wenn ich in Ihrem Unternehmen als Verkäuferin aufgenommen werden könnte, da ich mich mit der Firmenphilosophie sehr identifizieren kann.

Begründung: Übertreibungen, Behauptungen ohne Beweis

☺ Als zufriedene Kundin Ihres Unternehmens schätze ich die kundenorientierte Gestaltung der Verkaufsfläche, die große Auswahl an Produkten und die kompetente und freundliche Bedienung des Personals. Als Ferialpraktikantin habe ich bei ... im Verkauf gearbeitet.

Ich habe die Fachschule für ... mit Erfolg abgeschlossen und würde mich freuen, meine Kenntnisse und Fähigkeiten in Ihrem Unternehmen praktisch einsetzen zu können.

☹ Da selbständiges Arbeiten, innovative Lösungsansätze und Sorgfalt zu meinen Stärken zählen, ist meine Auswahl auf Ihr Unternehmen gefallen.

Begründung: Behauptungen ohne Beweis, vom Inserat abgeschrieben

☺ Während meiner Ausbildung habe ich an mehreren kleineren Projekten und an einem umfangreichen Diplomprojekt gemeinsam mit drei Klassenkollegen mitgearbeitet. Wir haben für den Reiterhof „Max" in Podersdorf eine Homepage mit interaktiver Reservierung und Abrechnung von Reitstunden erstellt. Da unser Projektpartner sehr unterschiedliche Leistungen für eine Vielzahl von Kundengruppen anbietet, mussten wir neue Lösungsansätze finden, und da weder der Reiterhof „Max" noch seine Kunden mit EDV-Werkzeugen gut umgehen können, mussten wir besonders auf Benutzerfreundlichkeit, Übersichtlichkeit und Fehlertoleranz achten.

☹ Auch die Tatsache, dass sich Ihr Unternehmen in meiner Umgebung befindet, und ich somit keine umständliche Anfahrt habe, hat mich fasziniert.

Begründung: für einen guten Job fährt man auch ein bisschen weiter

☺ *Tipp:* Freue dich darüber, aber erwähne diesen Vorteil nicht im Bewerbungsschreiben.

☹ Durch die bereits gesammelte Erfahrung im Bereich Teamarbeit und Projektmanagement und die ständige Verbesserung meines Auftretens bei unzähligen Referaten und Präsentationen, glaube ich die nötigen Voraussetzungen für diesen Posten zu besitzen.

Begründung: Viele Hauptwörter, Übertreibung, schwerfällige Formulierung

☺ Während meiner Ausbildung in der Handelsschule habe ich mir nicht nur Wissen angeeignet, sondern auch erste Erfahrungen in der Projektarbeit gesammelt. Mit Referaten habe ich gelernt, Inhalte interessant und überzeugend zu präsentieren und mein Auftreten zu verbessern. Ich bin daher überzeugt, die von Ihnen erwarteten Anforderungen erfüllen zu können.

☹ Meine persönlichen Daten können Sie dem beigelegten Lebenslauf entnehmen.

Begründung: unnötige Aufforderung

☺ *Tipp:* Versteht sich von selbst, daher weglassen.

☹ Einer positiven Benachrichtigung entgegensehend verbleibe ich hochachtungsvoll ...

Begründung: altmodische Formulierungen

☺ Wenn meine Bewerbung Ihr Interesse geweckt hat, stehe ich Ihnen gern für ein Vorstellungsgespräch zur Verfügung.

Mit freundlichen Grüßen

☹ Für eine persönliche Vorstellung wäre ich Ihnen sehr verbunden und stehe Ihnen des Weiteren für etwaige Fragen jederzeit telefonisch zur Verfügung.

Begründung: altmodisch, Versprechen unmöglich

☺ Für alle weiteren Auskünfte stehe ich Ihnen gern in einem persönlichen Gespräch zur Verfügung.

3.4 Wie gestalte ich meinen Lebenslauf?

Der Lebenslauf ist die wichtigste Informationsquelle für jeden Personalverantwortlichen und sollte dementsprechend übersichtlich gestaltet und aussagekräftig sein. Dein Lebenslauf soll dich als bestmöglichen Bewerber darstellen und muss daher an jede Stellenanzeige angepasst werden. Deine Schulausbildung ist nämlich so umfassend, dass sie dich für Stellenangebote in den verschiedensten Bereichen qualifiziert, und kein Personalverantwortlicher will im Detail über Kenntnisse informiert werden, die für das Unternehmen ohne Bedeutung sind. Andererseits will er sehr genau wissen, welche Kenntnisse und Fähigkeiten du für die ausgeschriebene Stelle mitbringst.

Früher wurde der Lebenslauf in Form eines Aufsatzes geschrieben, heute ist die tabellarische Form im Geschäftsleben üblich. In Mitteleuropa ist es üblich, chronologisch vorzugehen, also mit der Ausbildung in der Volksschule zu beginnen. In England und Amerika beginnt man mit der Berufspraxis und da wieder mit der momentanen Situation und kommt erst später zum Studium und zu den Ausbildungsetappen davor.

Der im Folgenden beschriebene Vorschlag, wie du deinen Lebenslauf gliedern kannst, ist dem Muster für den europäischen Lebenslauf des „Europäischen Forums für die Transparenz beruflicher Qualifikationen" nachempfunden und den Erwartungen österreichischer Unternehmen angepasst. Er ist als Orientierungshilfe gedacht. Benutze ihn wie eine Speisekarte in einem Restaurant und wähle für jedes Bewerbungsschreiben diejenigen „Speisen" aus, die dem zukünftigen Arbeitgeber schmecken könnten.

In den meisten Ländern ist es erwünscht, wenn du ein Bild in deinen Lebenslauf einfügst. Am besten du nimmst ein Passfoto, auf dem du freundlich lächelst. Du kannst dein Foto auch einscannen und in guter Druckqualität gemeinsam mit dem Lebenslauf drucken. Mit ein wenig Erfahrung kannst du das Bild auch mit einer Digitalkamera aufnehmen. Ein eventuell bereits vorhandenes Bild eignet sich nur dann, wenn es nicht älter als 1 Jahr ist und dich als ernst zu nehmenden Bewerber darstellt. Urlaubsfotos, grellbunte T-Shirts, tiefe Ausschnitte, Piercings und Ähnliches machen keinen guten Eindruck.

Dein (vollständiger) Lebenslauf besteht aus folgenden Teilen:

- **Persönliche Daten**
  - ☐ Name und Anschrift
  - ☐ Telefonnummer und E-Mail-Adresse, evtl. Bewerbungshomepage
  - ☐ Geburtsdatum und Ort, Staatsbürgerschaft
  - ☐ Familienstand, evtl. Anzahl und Alter der Kinder
  - ☐ Präsenz- oder Zivildienst
- **Schul- und Berufsbildung**
  - ☐ Zeitspanne (von – bis), Schultyp
  - ☐ Ausbildungsschwerpunkte und Abschluss (erworbene Qualifikation)
  - ☐ Berufsbildende Ausbildung, Lehrgang, Fachhochschule, Universität
- **Berufserfahrung**
  - ☐ Zeitspanne (von – bis)
  - ☐ Name und Adresse des Arbeitgebers
  - ☐ Beruf, Funktion
  - ☐ Aufgaben und Verantwortungsbereiche
- **Persönliche Fähigkeiten und Kompetenzen**
  - ☐ Muttersprache
  - ☐ Sonstige Sprachen
    - Ort und Dauer der Ausbildung, evtl. Zertifikat
    - Sprachaufenthalte
    - Lesen, Schreiben, Sprechen
  - ☐ Soziale Fähigkeiten und Kompetenzen
    - z.B.: Kommunikation, Teamfähigkeit, multikulturelles Umfeld
    - Ort und Dauer der Ausbildung/des Einsatzes, evtl. Zertifikat
  - ☐ Organisatorische Fähigkeiten und Kompetenzen
    - z.B.: Projektarbeit, Gruppenarbeit, Klassensprecher
    - Ort und Dauer der Ausbildung/des Einsatzes, evtl. Zertifikat

- ☐ Technische Fähigkeiten und Kompetenzen
  - z.B.: EDV-Kenntnisse, Elektronik, Maschinenbau
  - Ort und Dauer der Ausbildung/des Einsatzes, evtl. Zertifikat
- ☐ Künstlerische Fähigkeiten und Kompetenzen
  - z.B.: Musikinstrument, bildende Kunst, Schauspiel
  - Ort und Dauer der Ausbildung/des Einsatzes, evtl. Zertifikat
- ☐ Sonstige Fähigkeiten und Kompetenzen
- ☐ Führerschein(e)
- ☐ Freizeitinteressen

Zusätzliche Angaben

- ☐ Referenzen: Name und Funktion, Kontaktadresse, Telefonnummer
- ☐ Mitgliedschaften

Wir leben in einer ziemlich schnelllebigen Zeit. Du kannst daher nicht davon ausgehen, dass du dein ganzes Berufsleben lang in ein und demselben Unternehmen bleiben wirst. Da du dich öfter um einen Arbeitsplatz bewerben wirst, ist es vorteilhaft, wenn du deinen Lebenslauf nicht jedes Mal neu zusammenstellen musst.

Wenn du deinen Lebenslauf immer am neuesten Stand hältst und ihn mit deinen Dokumenten aufbewahrst oder am Computer in einem persönlichen Ordner abspeicherst, kannst du auf interessante Stellenangebote rasch reagieren.

Die „Seite Drei"

Mit einer persönlich gehaltenen „Seite Drei" kannst du den Personalverantwortlichen überraschen und dir Vorteile vor deinen Mitbewerbern sichern. Sollte ein handschriftlicher Lebenslauf erwünscht sein, kannst du die „Seite Drei" handschriftlich und den Lebenslauf tabellarisch mit einem Textprogramm erstellen. Damit sind die Angaben zu deiner Person übersichtlich gestaltet und der Personalverantwortliche kann sich ein Bild von deinem Schreibstil und deinem sprachlichen Ausdrucksvermögen machen und auch deine Handschrift analysieren.

Für die „Seite Drei" gibt es fast keine Richtlinien, du kannst deine Kreativität daher frei entfalten, solange du dich kurz fasst, das Blatt ansprechend gestaltest und eine zum Text passende Überschrift wählst.

Einige Vorschläge: Ich über mich
Meine Ziele
Zu meiner Person
Meine Sicht der Dinge
Was mich motiviert

Inhaltlich sollte die „Seite Drei" keine Wiederholung, sondern eine Vertiefung einiger Angaben im Anschreiben oder Lebenslauf sein. Wenn du keine eigene Seite gestalten willst, kannst du den Inhalt auch an den Lebenslauf anhängen.

Beispiele

Zu meiner Person: Ich bin jung und voller Tatendrang. Die Schule habe ich mit ausgezeichnetem Erfolg abgeschlossen und nebenbei noch Zeit gefunden, mit Nachhilfestunden Geld zu verdienen. Meine Freizeit verbringe ich gerne aktiv mit Freunden: Tennis spielen, Schi fahren, Mountainbiken, Konditionstraining. Ich gehe gerne ins Kino und in Ausstellungen. Menschen aus anderen Kulturen kennen zu lernen, ist mir wichtig, denn ich bin davon überzeugt, dass wir die großen Herausforderungen der Zukunft nur bewältigen können, wenn wir miteinander statt gegeneinander arbeiten.

Meine Sicht der Dinge: Die Aufforderung von Max Frisch „Wirf dem anderen die Wahrheit nicht wie einen nassen Fetzen um die Ohren, sondern biete sie ihm an wie einen Mantel, in den er hineinschlüpfen kann" ist mein Leitspruch im Umgang mit anderen Menschen. Es kommt nämlich nicht nur darauf an, was man sagt, sondern auch wie man es sagt. Konflikte entstehen oft, weil Menschen zu wenig Einfühlungsvermögen füreinander haben. Wer gute und dauerhafte Beziehungen zu seinen Kunden aufbauen möchte, muss ihnen mit Einfühlungsvermögen und Respekt begegnen.

Achte bei allen Bewerbungsunterlagen auf ein ansprechendes Design, das deinem persönlichen Stil und der ausgeschriebenen Stelle entspricht. Ein Webdesigner will einen anderen Eindruck hinterlassen als ein Mitarbeiter im Verkaufsinnendienst.

So könnte dein **Lebenslauf** für die Stelle als Call Center Agent aussehen:

Beispiel

Lisa Lustig

Brahmsplatz 12/20
1220 Wien

Tel. (0663) 658 13 24
lisa.lustig@edumail.at

Persönliche Daten

Geburtsdatum	18. November 1984
Geburtsort	Linz
Familienstand	ledig
Staatsbürgerschaft	Österreich

Schul- und Berufsbildung

1991–1995	Volksschule in Linz
1995–1999	Musikhauptschule in Linz
1999–2005	Handelsakademie mit IT-Schwerpunkt in Wien Matura mit gutem Erfolg bestanden

Berufserfahrung

Juli 2003 August 2004	Ferialpraxis als Rezeptionistin im Hotel Post in Schladming

Persönliche Fähigkeiten und Kompetenzen

Muttersprache	Deutsch
Englisch	9 Jahre Schulunterricht 2 Monate Sprachaufenthalt in England Cambridge Zertifikat
Italienisch	5 Jahre Schulunterricht 1 Monat Sprachaufenthalt in Italien

Kommunikation	Unterrichtsfach Teilnahme am Freigegenstand Präsentation Telefonische und persönliche Betreuung der Kunden während der Ferialpraxis
Teamfähigkeit	Gruppenarbeit im Unterricht Abschlussprojekt: Entwickeln einer Wissensdatenbank für ein Bauunternehmen
EDV-Kenntnisse	ECDL Computerführerschein
Führerschein	B
Freizeitinteressen	Laufen, Musik, Reisen, Ausstellungen

Zu meiner Person

Meine Sicht der Dinge Der Kunde ist König, er steht im Mittelpunkt aller Aktivitäten von erfolgreichen Unternehmen im Dienstleistungsbereich. Der Dienstleistungsbereich selbst ist in allen entwickelten Volkswirtschaften die Basis für den Wohlstand der Bevölkerung.

Meine eigene Zukunft sehe ich in der Informationswirtschaft, einem jungen und immer bedeutenderen Segment dieses Bereichs.

Die Telekommunikationsbranche ist für mich deshalb so interessant, weil „High Tech" und „High Touch" optimal aufeinander abgestimmt werden müssen, damit die Produkte und Dienstleistungen vom Kunden angenommen werden.

Wien, Datum

Lisa Lustig

3.5 Wie gestalte ich meine Bewerbung als E-Mail?

Die elektronische Post ist ein modernes und schnelles Kommunikationsmedium. Du kannst jedoch nicht davon ausgehen, dass dein Bewerbungsschreiben am Bildschirm des Empfängers genauso aussieht wie auf deinem eigenen. Da der Empfänger ein Bewerbungsschreiben nicht öffnen wird, das nicht nur Informationen, sondern auch Viren enthält, solltest du grundsätzlich alle ausgehenden E-Mails von einem Virensuchprogramm überprüfen lassen.

So könnte deine E-Mail-Bewerbung für die Stelle als Call Center Agent aussehen:

Beispiel

An ... Anja Müller (anja.mueller@personalberater.at)
Cc ...
Betreff: Bewerbung als Call Center Agent

Sehr geehrte Frau Müller!

Ihre Anzeige in ... hat mich neugierig gemacht. Die Telekommunikationsbranche verbindet Menschen mit modernster Technik, die so gut funktionieren muss, dass sie kinderleicht zu bedienen ist und dennoch höchsten Ansprüchen genügt.

Als Absolventin einer Handelsakademie mit Schwerpunkt Informationstechnologie erfülle ich fachlich die von Ihnen erwarteten Voraussetzungen. In den Ferien habe ich praktische Erfahrungen im Umgang mit Kunden gesammelt; ich war in einem Hotel in der Steiermark an der Rezeption tätig, wo ich Kundenwünsche bearbeitet und telefonische Auskünfte erteilt habe.

Es würde mir sehr gefallen, in einem zukunftsorientierten Unternehmen als Call Center Agent die Kunden aktiv und bestmöglich zu betreuen. Da ich gleich nach meinem Schulabschluss Urlaub gemacht habe, könnte ich die Stelle sofort antreten. Für weitere Auskünfte stehe ich Ihnen gerne in einem persönlichen Gespräch zur Verfügung.

Mit freundlichen Grüßen

Lisa Lustig

Lebenslauf

Persönliche Daten

Name:	Lisa Lustig
Adresse:	Brahmsplatz 12/20, 1220 Wien
Tel.:	(0663) 658 13 24,
E-Mail:	lisa.lustig@edumail.at
Geburtsort:	Linz
Geburtsdatum:	18. November 1984
Staatsbürgerschaft:	Österreich
Familienstand:	ledig

Schul- und Berufsbildung

1991–1995	Volksschule in Linz
1995–1999	Musikhauptschule in Linz

1999–2005	Handelsakademie mit IT-Schwerpunkt in Wien Matura mit gutem Erfolg bestanden

Berufserfahrung

Juli 2003 und August 2004	Ferialpraxis als Rezeptionistin im Hotel Post in Schladming

Persönliche Fähigkeiten und Kompetenzen

Muttersprache:	Deutsch
Englisch:	9 Jahre Schulunterricht 2 Monate Sprachaufenthalt in England Cambridge Zertifikat
Italienisch:	5 Jahre Schulunterricht 1 Monat Sprachaufenthalt in Italien
Kommunikation:	Unterrichtsfach, Freigegenstand Präsentation Telefonische und persönliche Kundenbetreuung während der Ferialpraxis
Teamfähigkeit:	Gruppenarbeit im Unterricht Abschlussprojekt: Entwickeln einer Wissensdatenbank für ein Bauunternehmen
EDV-Kenntnisse:	ECDL Computerführerschein
Führerschein:	B
Freizeitinteressen:	Laufen, Musik, Reisen, Ausstellungen

Meine Sicht der Dinge
Der Kunde ist König, er steht im Mittelpunkt aller Aktivitäten von erfolgreichen Unternehmen im Dienstleistungsbereich. Der Dienstleistungsbereich selbst ist in allen entwickelten Volkswirtschaften die Basis für den Wohlstand der Bevölkerung.

Meine eigene Zukunft sehe ich in der Informationswirtschaft, einem jungen und immer bedeutenderen Segment dieses Bereichs.

Die Telekommunikationsbranche ist für mich deshalb so interessant, weil „High Tech" und „High Touch" optimal aufeinander abgestimmt werden müssen, damit die Produkte und Dienstleistungen vom Kunden angenommen werden.

Wien, Datum

Lisa Lustig

4 Bewerbungsprozess

Vielleicht hast du schon mit deinem ersten Bewerbungsschreiben Erfolg und wirst zu einem Vorstellungsgespräch eingeladen. Wahrscheinlicher ist allerdings, dass du mindestens 20 Bewerbungsschreiben verschicken wirst und alle möglichst gut verwalten solltest, damit du keinen Termin versäumst, rechtzeitig telefonisch nachfragst und die Namen der Personalverantwortlichen nicht verwechselst.

4.1 Wie organisiere ich alle meine Bewerbungen?

Übung

Am besten, du legst einen eigenen Ordner mit folgendem Inhalt an:

- deine Stärken und Schwächen (siehe Seite 11)
- deine beruflichen und privaten Ziele
- dein vollständiger und alle Fähigkeiten umfassender Lebenslauf
- Kopien aller Abschlusszeugnisse, Kursbestätigungen etc.
- Kopien aller Dienstzeugnisse und Ferialpraxisbestätigungen
- Kopien aller Dokumente (Geburtsurkunde, Meldezettel, Staatsbürgerschaftsnachweis)
- Fragenkatalog mit häufig gestellten Fragen beim Vorstellungsgespräch
- Ein eigenes Blatt für jede Stelle mit folgendem Inhalt:
  - ☐ ausgeschnittene und aufgeklebte Stellenanzeige
  - ☐ Analyse der Stellenanzeige (siehe Seite 35 f.)
  - ☐ Informationen über das Unternehmen
  - ☐ Informationen über die ausgeschriebene Stelle
  - ☐ Fragenkatalog als Vorbereitung auf das Vorstellungsgespräch
  - ☐ Folgende Tabelle:

Datum	Kontakt	Kontaktperson	Bemerkungen

Unter Kontakt notierst du die Art der Kontaktaufnahme: Telefon, Brief, E-Mail, persönliches Gespräch ...

Kontaktperson ist die Person, der du den Lebenslauf geschickt, mit der du telefoniert oder ein persönliches Gespräch geführt hast.

Unter Bemerkungen notierst du ergänzende Informationen wie: E-Mail erwünscht, Zeugnisse in Kopie mitschicken, Rückruf binnen einer Woche versprochen ...

Anschreiben, Lebenslauf und „Seite Drei" in Kopie sowie eventuell vorhandene Telefon- und Gesprächsnotizen fügst du ebenfalls hinzu, damit du jederzeit am Telefon und beim persönlichen Gespräch genau weißt, was du geschrieben hast. Da du jedes Bewerbungsschreiben an ein bestimmtes Stellenangebot anpasst, wäre eine Verwechslung ziemlich peinlich.

4.2 Was beachte ich beim Telefonieren?

Für Personalverantwortliche ist das Telefon ein geeignetes Mittel um Bewerber unvorbereitet zu überraschen. Stell dir vor, du bist gerade beim Abendessen oder hast Freunde zu Besuch und es läutet das Telefon. Im Hintergrund hört man Musik und den Geschirrspüler. Sicherlich nicht die besten Voraussetzungen für ein erfolgreiches Telefongespräch mit dem Personalverantwortlichen. Du kannst dich entweder in einen ruhigen Raum zurückziehen oder einen Rückruf innerhalb der nächsten 5 Minuten anbieten. Der Rückruf hat den Vorteil, dass du deinen Ordner mit allen Bewerbungsunterlagen nehmen und dich besser auf das Gespräch einstellen kannst.

Vielleicht denkst du „telefonieren kann jeder". Stimmt, doch im Geschäftsleben und besonders für Bewerbungen sind einige Regeln zu beachten:

- Bereite dich für das Telefonat genauso vor wie für ein persönliches Gespräch.
- Suche einen ruhigen Raum ohne störende Hintergrundgeräusche auf.
- Informiere deine Mitbewohner, dass du nicht gestört werden möchtest.
- Führe das Gespräch nicht über den Telefonapparat deines derzeitigen Arbeitgebers.
- Halte alle Unterlagen und einen Notizblock griffbereit.
- Stelle dich klar und deutlich vor, nenne den Grund deines Anrufs und lass dich mit der verantwortlichen Person verbinden.

- Lass dir den Namen, die Position und eventuelle Titel geben und notiere alles.
- Begrüße den Personalverantwortlichen mit seinem Namen.
- Nenne kurz den Grund deines Anrufs und frag nach, ob dein Anruf gerade gelegen kommt, oder ob du später noch einmal anrufen sollst.
- Notiere den Inhalt des Telefonats stichwortartig mit.

Beachte, dass du mit deinem Gesprächspartner anders kommunizierst, wenn du bequem auf einem Sofa liegst, oder aufrecht auf deinem Schreibtischsessel sitzt. Das beste Stimmvolumen und die größte Bewegungsfreiheit hast du übrigens im Stehen.

4.3 Wie bereite ich mich auf ein Vorstellungsgespräch vor?

Mit deinem Ordner, der alle Bewerbungsunterlagen enthält, wird es dir nicht schwer fallen, dich auf ein Vorstellungsgespräch vorzubereiten. Du hast Informationen über das Unternehmen und über die ausgeschriebene Stelle gesammelt, du hast dich über die Erwartungen des Personalverantwortlichen informiert und dir Gedanken darüber gemacht, was man von dir als Bewerber erwartet. Wenn du den Personalverantwortlichen davon überzeugen willst, dass du der beste Kandidat bist, achte weniger darauf, was das Unternehmen für dich tun kann, sondern was du für das Unternehmen tun kannst.

Je bedeutender die Stelle im Unternehmen ist, umso mehr Gespräche werden geführt, und umso länger dauert jedes einzelne davon. Im Normalfall werden 1 bis 2 Gespräche zu je 30 bis 60 Minuten geführt. Neben dem Personalverantwortlichen nehmen vielleicht auch dein zukünftiger Vorgesetzter oder andere wichtige Personen aus dem Unternehmen am Vorstellungsgespräch teil. In der ersten Gesprächsrunde ist das gegenseitige Kennenlernen wichtig, in der zweiten Gesprächsrunde werden die konkreten Details besprochen.

Betrachte das Vorstellungsgespräch wie eine mündliche Prüfung. Bereite dich daher sorgfältig auf Fragen vor, die wahrscheinlich jeden Personalverantwortlichen interessieren, und formuliere selbst eine Liste mit Fragen, die du stellen willst.

Übung ____________

Folgende Fragen kommen häufig in Vorstellungsgesprächen vor:

- **Fragen und Bemerkungen zur Einleitung des Gesprächs:**
  - ☐ Haben Sie leicht hergefunden?
  - ☐ Wir freuen uns, dass Sie gekommen sind.
  - ☐ Wie gefällt Ihnen unsere Stadt? Sind Sie das erste Mal hier?
- **Fragen zu deiner Ausbildung:**
  - ☐ Beschreiben Sie Ihren Ausbildungsweg.
  - ☐ Warum haben Sie die Handelsakademie (oder eine andere Schule) besucht?
  - ☐ Haben Sie auch eine andere Schule/Ausbildung überlegt?
  - ☐ Welche Gegenstände/Lehrer haben Sie gemocht/nicht gemocht und warum?
  - ☐ Haben Sie vor, Ihre Ausbildung an einem Kolleg, einer Fachhochschule oder Universität fortzusetzen?
- **Fragen zu deiner Berufspraxis:**
  - ☐ Wann und bei welchen Unternehmen waren Sie (als Ferialpraktikant) beschäftigt?
  - ☐ Welche Aufgaben haben Sie dort erledigt?
  - ☐ Was hat Ihnen gefallen/weniger gefallen?
  - ☐ Warum haben Sie den Arbeitsplatz gewechselt?
  - ☐ Warum möchten Sie Ihren derzeitigen Arbeitsplatz wechseln?
- **Fragen zu deiner Person:**
  - ☐ Beschreiben Sie sich selbst als Person.
  - ☐ Wofür interessieren Sie sich?
  - ☐ Welche Ereignisse aus der Tagespolitik beschäftigen Sie?
  - ☐ Was sind Ihre beruflichen und privaten Ziele?
  - ☐ Wie könnte Ihr berufliches und privates Leben in 5 Jahren aussehen?
  - ☐ In welchem Umfeld fühlen Sie sich wohl?
  - ☐ Arbeiten Sie lieber alleine oder im Team?
  - ☐ Was bedeutet für Sie Erfolg/Misserfolg?
  - ☐ Welche Situationen in Ihrem Leben waren besonders bedeutsam?

- ☐ Was sind Ihre 3 größten Stärken und Schwächen?
- ☐ Haben Sie Vorbilder (Idole)? Wenn ja, welche und warum?

Fragen zu deinem familiären und sozialen Umfeld:

- ☐ Welchen Beruf üben Ihre Eltern aus?
- ☐ Was machen Ihre Geschwister?
- ☐ Welche Tageszeitungen werden in der Familie gelesen?
- ☐ Haben Sie viele Freunde?
- ☐ Was schätzen Sie an Ihren Freunden?

Fragen zum Stellenangebot:

- ☐ Warum wollen Sie ausgerechnet in unserem Unternehmen arbeiten?
- ☐ Was interessiert Sie gerade an diesem Stellenangebot?
- ☐ Warum sollten wir gerade Sie für die Stelle aufnehmen?
- ☐ Haben Sie irgendwelche Bedenken, die Sie daran hindern könnten, die Stelle in unserem Unternehmen anzunehmen?
- ☐ Wie sind Ihre Gehaltsvorstellungen?

Fragen, die dich unvorbereitet treffen sollen:

- ☐ Angenommen, Sie erhalten 1 Million Euro und jede Menge Zeit. Was würden Sie tun?
- ☐ Angenommen, Sie können mit einer berühmten Persönlichkeit einen Abend verbringen. Für wen entscheiden Sie sich und wie soll dieser Abend verlaufen?
- ☐ Angenommen, Sie können sich für einen Tag in ein beliebiges Tier verwandeln. Welches Tier würden Sie wählen und warum gerade dieses Tier?

Fragen, die du stellen könntest:

- ☐ Was ist die Philosophie/das Leitbild des Unternehmens?
- ☐ Was unterscheidet das Unternehmen von anderen in der Branche?
- ☐ Wie ist das Unternehmen aufgebaut?
- ☐ Wo in der Organisation befindet sich die ausgeschriebene Stelle?
- ☐ Welche Karrieremöglichkeiten gibt es im Unternehmen?
- ☐ Warum wird die Stelle neu besetzt?
- ☐ Wer war/ist der letzte Stelleninhaber?

- ☐ Warum verlässt er die Stelle?
- ☐ Wer ist der künftige Vorgesetzte?
- ☐ Was erwarten Sie von mir in dieser Position?
- ☐ Wie hoch ist das Durchschnittsalter im Unternehmen/in der Abteilung?
- ☐ Wie hoch ist die Fluktuation/durchschnittliche Verweildauer im Unternehmen?
- ☐ Wie ist das Gehaltsschema aufgebaut?

Einige Tage vor dem Termin deines Vorstellungsgesprächs planst du die Details wie Anreise und Kleidung. Versuche die Wegzeit möglichst gut abzuschätzen, damit du weder viel zu früh noch zu spät eintriffst. Rechne 10 Minuten für Wege innerhalb des Betriebsgebäudes mit ein.

Deine Kleidung sollte deinem persönlichen Stil und dem Stellenangebot entsprechen und eher etwas formeller sein. Grelle Farben, kurze Röcke und tiefe Ausschnitte kommen genauso schlecht an wie ungebügelte Hemden, schmutzige Schuhe und weiße Socken.

Bereite dich auch mental auf das Vorstellungsgespräch vor. Sprich dir selbst Mut zu mit Sätzen wie: „Ich freue mich auf das Vorstellungsgespräch." „Ich werde mein Bestes geben, um die Stelle zu bekommen." „Ich bin jung und dynamisch." „Ich bin begeisterungsfähig und voller Energie, die ich in meinem zukünftigen Beruf einsetzen möchte." „Meine aufrechte Körperhaltung und mein Gesichtsausdruck strahlen innere Ruhe und Selbstsicherheit aus."

4.4 Wie verhalte ich mich beim Vorstellungsgespräch?

Wenn du zum Vorstellungsgespräch eingeladen wirst, hast du die erste Hürde bereits genommen, du bist in der engeren Wahl. Dein Gesprächspartner, wahrscheinlich der Personalverantwortliche, will sich ein Bild von dir machen:

Übung

Wirkst du sympathisch und vertrauenswürdig?

- ☐ Bist du höflich, freundlich, entgegenkommend, selbstsicher, offen?
- ☐ Bist du gepflegt und ordentlich gekleidet?

- ☐ Passt du mit deinen Werthaltungen, deinem Aussehen und deinen Umgangsformen in das Unternehmen?
- ☐ Hast du ähnliche Interessen wie deine zukünftigen Kollegen?

- **Bist du leistungsmotiviert?**
  - ☐ Zeigst du Begeisterungsfähigkeit und Engagement?
  - ☐ Zeigst du Selbstvertrauen und eine positive Einstellung zur Arbeit?
  - ☐ Bist du arbeits- und lernwillig?
- **Welche Kenntnisse und Fähigkeiten bringst du mit?**
  - ☐ In welchem Ausmaß beherrscht du dein Fachgebiet?
  - ☐ Welche praktische Erfahrung bringst du mit?
  - ☐ Welche persönlichen und sozialen Fähigkeiten bringst du mit?
    - Wie gut kannst du dich ausdrücken und im Gespräch deine Meinung vertreten?
    - Bist du tolerant und aufgeschlossen?
    - Kannst du dich anpassen und im Team arbeiten?

Der erste Eindruck entscheidet oft darüber, ob du in die engere Wahl kommst: die Art, wie du dich kleidest, wie du den Raum betrittst, wie du die Hand zum Gruß gibst und wie du grüßt, wie du deinen Platz einnimmst und wie du sitzt, wie laut du sprichst und welche Worte du verwendest. Du kannst dieses Begrüßungszeremoniell mit einer Person deines Vertrauens üben.

Achte darauf, dass du Selbstsicherheit ausstrahlst, ohne überheblich zu wirken:

- die Hand zum Gruß weder zu sanft noch zu fest drücken
- den Gesprächspartner mit seinem Namen ansprechen
- Ruhe und Gelassenheit statt Nervosität und Hektik ausstrahlen
- Blickkontakt halten und freundlich lächeln
- laut und deutlich sprechen
- aufrecht sitzen, die Hände offen auf den Tisch legen

Das Vorstellungsgespräch selbst folgt meistens einem bestimmten Ablauf: Begrüßung und Einleitung des Gesprächs – deine Beweggründe für die Bewerbung – deine Ausbildung – deine berufliche Entwicklung – deine Kenntnisse und Fähigkeiten – dein familiärer und sozialer Hintergrund – dein Gesundheitszustand – Informationen über das Unternehmen und die Stelle – Arbeitsbedingungen – deine Fragen als Bewerber – Abschluss des Gesprächs.

Manche Fragen dürfen vom Personalverantwortlichen nur dann gestellt werden, wenn sie für die Stelle von besonderer Bedeutung sind. Du musst sie daher auch nur unter diesen besonderen Umständen ehrlich beantworten. Entscheide daher im konkreten Einzelfall, welche der kritischen Fragen du beantworten möchtest: Fragen nach Partnerschaft und sexueller Neigung, Heirats- und Kinderwunsch, Schwangerschaft, Gesundheitszustand, Religionszugehörigkeit, Parteizugehörigkeit, Gewerkschaftszugehörigkeit, Vermögensverhältnisse und Bankschulden, Vorstrafen. Einige dieser Fragen könnten für dich allerdings auch nützlich sein, weil sie dir erlauben, deine guten Seiten hervorzukehren: Du bist gesund, weil du Sport betreibst und dich vernünftig ernährst, du bist finanziell unabhängig und nicht ortsgebunden und kannst daher ein interessantes Angebot im Ausland annehmen. Wenn dir der Sinn und Zweck einer – indiskreten – Frage nicht ganz klar ist, kannst du auch mit einer höflichen Gegenfrage um Klarstellung ersuchen. Versuche alle anderen Fragen so ehrlich wie möglich zu beantworten, ohne dass du dich selbst mit deinen Antworten in Schwierigkeiten bringst. Antworten auf scheinbar harmlose Fragen verraten nämlich manchmal mehr über dich als dir lieb ist.

Im Folgenden einige Beispiele dazu:
(PV = Personalverantwortlicher, B = Bewerber)

Beispiele

PV: *„Was waren Ihre Lieblingsgegenstände?"*
B: *„Geschichte, die Tests waren einfach und es war nicht schwer, eine gute Note zu bekommen."*
Der Bewerber drückt „zwischen den Zeilen" aus, dass er nicht sehr leistungsorientiert ist.

PV: *„Was hat Ihnen als Ferialpraktikant bei Firma X gefallen?"*
B: *„Sie war in nur 5 Minuten von meiner Wohnung aus zu erreichen, ich konnte daher jeden Nachmittag ins Bad gehen."*
Der Bewerber signalisiert, dass ihm seine Freizeit wichtiger ist als seine Aufgaben im Berufsleben.

PV: *„Haben Sie Vorbilder?"*
B: *„Nein".*
Der Bewerber kennt keine berühmten Persönlichkeiten oder beschäftigt sich nicht mit seinen Zielen und seinem Anspruchsniveau.

PV: *„Was sind Ihre 3 größten Schwächen?"*
B: *„Ich komme oft zu spät, bin bei der Arbeit meistens unkonzentriert und reagiere zu heftig, wenn mich jemand kritisiert."*

Der Bewerber ist zwar ehrlich, aber nicht sehr diplomatisch. Keine der drei Schwächen hat erkennbare Vorteile. Da die meisten Menschen ohnehin mehr als drei Schwächen haben, hätte der Bewerber auch eine der folgenden Antworten geben können, die neben den negativen auch positive Aspekte erkennen lässt:

B: *„Ich lasse mich im Umgang mit meinen Mitschülern manchmal zu viel von meinen Gefühlen leiten und achte zu wenig auf meinen eigenen Nutzen."*

B: *„Ich kann anderen nicht „nein" sagen, wenn sie meine Hilfe brauchen, und werde daher manchmal mit meinen eigenen Aufgaben nicht fertig."*

B: *„Ich überlege manchmal zu lange und zögere Entscheidungen hinaus."*

Folge dem Gespräch daher mit höchster Aufmerksamkeit, damit du möglichen Fallen ausweichen kannst und deine Chancen erkennst. Vermeide weitläufiges Geschwätz ebenso wie zu kurze Antworten. Beantworte jede Frage klar und auf den Punkt gebracht, gut strukturiert und verständlich. Je sorgfältiger du dich vorbereitet hast, umso erfolgreicher wird das Vorstellungsgespräch für dich verlaufen.

Der Ausgang des ersten Vorstellungsgespräches ist meistens offen, da der Personalverantwortliche im Allgemeinen noch weitere Gespräche führen möchte, bevor er sich zum nächsten Schritt entscheidet. Gönne dir daher nach jedem Vorstellungsgespräch eine kleine Pause zur Erholung und zum Nachdenken, wie das Gespräch für dich verlaufen ist. Fertige ein Gedächtnisprotokoll an; notiere alle Namen und die wichtigsten Punkte, die besprochen wurden. Wie ist das Gespräch verlaufen, welchen Eindruck hast du vom Unternehmen und von deinen Gesprächspartnern. Entspricht der Arbeitsplatz deinen Vorstellungen, entsprichst du den Erwartungen und Anforderungen?

Wenn das Gespräch aus deiner Sicht positiv verlaufen ist, kannst du deine Chancen erhöhen, wenn du nach einigen Tagen einen Nachfassbrief schreibst, in dem du dich für das informative Gespräch bedankst und, Bezug nehmend auf das Vorstellungsgespräch, noch einmal darauf eingehst, warum du für die Stelle gut geeignet bist. Damit zeigst du Engagement und rufst dich noch einmal in Erinnerung.

Solltest du eine Absage erhalten, nutze die Gelegenheit, um aus deinem Misserfolg zu lernen. Du wirst in deinem Leben noch viele Vorstellungsgespräche führen.

5 Ferienjob und Einstieg ins Berufsleben

Du hast es geschafft. Unter vielen Bewerbern hat sich das Unternehmen für dich entschieden und auch du hast vielleicht unter mehreren Angeboten gerade dieses eine angenommen. Die Erwartungen auf beiden Seiten sind ziemlich hoch. Für dich ist es vielleicht sogar der erste Kontakt mit der Berufswelt.

Viele Schüler und Studenten wollen oder müssen schon während ihrer Ausbildungszeit Erfahrungen in der Arbeitswelt sammeln. Als Schüler einer berufsbildenden Schule musst du ein Pflichtpraktikum absolvieren, damit du in den Abschlussjahrgang aufgenommen wirst.

Bevor du als Mitarbeiter fix angestellt wirst, kann sich dein Arbeitgeber im Rahmen der Probezeit von deinen Kenntnissen und Fähigkeiten überzeugen. Während dieser Zeit können sowohl Arbeitgeber als auch Arbeitnehmer ohne Angabe von Gründen das Arbeitsverhältnis auflösen. In Österreich beträgt die Probezeit für Lehrlinge üblicherweise drei Monate, für andere Arbeitsverhältnisse darf sie höchstens einen Monat dauern und muss ausdrücklich vereinbart werden. Nach Ablauf der Probezeit entsteht automatisch ein unbefristetes Arbeitsverhältnis, es sei denn, es wurde eine Befristung vertraglich vereinbart.

5.1 Wie verhalte ich mich als Einsteiger?

Die ersten Tage im Unternehmen sind besonders kritisch, denn beide Seiten erfahren, dass nicht alles so ist, wie man es erwartet hat: Es warten Aufgaben auf dich, die weder interessant, noch verantwortungsvoll sind (du bist enttäuscht), du kannst diese „einfachen Tätigkeiten" nicht problemlos bewältigen (dein Vorgesetzter ist enttäuscht). Du kannst davon ausgehen, dass du manches, was du gelernt und bisher problemlos angewandt hast, hier nicht brauchen kannst und dass du viel Neues lernen musst. In großen Unternehmen hat man dafür mehr Verständnis als in kleinen und oft sogar ein spezielles Programm für Neueinsteiger. In kleinen Unternehmen musst du selbst schauen, wie es im Unternehmen „läuft" und wie du möglichst bald einen produktiven Beitrag leisten kannst. Sei ein aufmerksamer Beobachter. So gelingt es dir leichter, dich an deine neue

Umgebung anzupassen. Gehe auf deine Kollegen zu und biete deine Mitarbeit an, frag nach, wenn dir etwas nicht klar ist.

In manchen Unternehmen wird dem Neueinsteiger ein Mentor zu Seite gestellt, der ihn ins Unternehmen einführt. Dazu gehört beispielsweise:

- **Rundgang durch das Unternehmen**
  - ☐ Mitarbeiter in verschiedenen Abteilungen kennen lernen
  - ☐ vorstellen und vorgestellt werden
  - ☐ Arbeitsmittel kennen lernen
  - ☐ Gebäude und Wege kennen lernen
  - ☐ Aufzugschlüssel, Platz in der Garderobe
- **Informationen über Gepflogenheiten im Unternehmen**
  - ☐ Dress-Code (Bekleidungsvorschriften)
  - ☐ Anrede von Vorgesetzten und Kollegen
  - ☐ Bedeutung und Verwendung von Titeln
  - ☐ Bestellung und Verwendung von Visitenkarten
  - ☐ Rituale: Begrüßen, Einzahlen in Kaffeekasse ...
  - ☐ Essensmarken und Verpflegung in der Kantine
  - ☐ Pausenregelung
- **Ansprechperson für alle Fragen**
  - ☐ Umgang mit Informationen
  - ☐ Wer ist wofür zuständig?
  - ☐ Wo gibt es Unterstützung?

Versuche dich bei deinen neuen Kolleginnen und Kollegen nicht unbeliebt zu machen, der erste Eindruck hält nämlich ziemlich lange an.

5.2 Welche Arten von Ferienjobs gibt es?

Das erste selbst verdiente Geld ist eine besondere Erfahrung, die dir nicht nur die Erfüllung einiger Wünsche, sondern vor allem bessere Chancen am

Arbeitsmarkt bringt. Der Umstieg von der Ausbildung ins Arbeitsleben ist ohnehin schwer genug.

Es gibt verschiedene Möglichkeiten, wie du in den Ferien in einem Unternehmen beschäftigt sein kannst: als Ferialpraktikant, als Ferialarbeitnehmer oder als Volontär.

5.2.1 Ferialpraktikant

Ferialpraktikanten sind Schüler oder Studenten, die als Ergänzung ihrer Ausbildung in den Ferien praktische Erfahrungen in einem Unternehmen sammeln müssen. Ein angehender Bautechniker kann daher die Arbeit im Lager eines Baumarktes als Pflichtpraktikum absolvieren, aber nicht die Arbeit im Lager eines Lebensmittelhändlers. Das Unternehmen ist verpflichtet, Ferialpraktikanten ihrer Ausbildung entsprechend zu beschäftigen. Da der Ausbildungszweck überwiegt, ist ein Entgelt nicht zwingend vorgesehen, sondern kann frei vereinbart werden.

Wenn das Entgelt die Geringfügigkeitsgrenze überschreitet, müssen Ferialpraktikanten bei der Kranken-, Unfall- und Pensionsversicherung angemeldet werden, andernfalls nur bei der Unfallversicherung.

5.2.2 Ferialarbeitnehmer (Werkstudent)

Werkstudenten sind Schüler oder Studenten, die während der Ferien arbeiten, um Geld zu verdienen. Für das Unternehmen besteht keine Verpflichtung zur Ausbildung, sie sind „normale Arbeitnehmer" auf Zeit. Sie sind daher wie andere Arbeitnehmer zu behandeln und unterliegen den jeweiligen gesetzlichen und kollektivvertraglichen Bestimmungen. Meistens wird das Arbeitsverhältnis zeitlich beschränkt abgeschlossen. Ein Arbeitsverhältnis auf bestimmte Zeit kann vor Ablauf der Befristung nur aus wichtigen Gründen aufgelöst werden.

Wenn das Entgelt die Geringfügigkeitsgrenze überschreitet, müssen Werkstudenten bei der Kranken-, Unfall- und Pensionsversicherung angemeldet werden, andernfalls nur bei der Unfallversicherung.

5.2.3 Volontäre

Volontäre sind Personen, die sich mit Erlaubnis des Betriebsinhabers im Betrieb aufhalten, um Erfahrungen zu sammeln und bestimmte betriebliche Einrichtungen kennen zu lernen. Der Aufenthalt ist von ihrem Ausbildungsbetrieb nicht vorgeschrieben und kann daher auch nicht angerechnet werden. Volontäre sind keine Dienstnehmer und erhalten kein Entgelt und sind nur bei der Unfallversicherung zu melden.

5.3 Wie verhalte ich mich als Praktikant?

Der Weg zu einem fixen Arbeitsverhältnis führt sehr oft über die freiwillige oder verpflichtend vorgesehene Arbeit während der Ferien. Das hat den Vorteil, dass man auf beiden Seiten weiß, was man zu erwarten hat: Das Unternehmen kennt den zukünftigen Mitarbeiter und der zukünftige Mitarbeiter weiß, was ihn im Unternehmen erwartet. Er kennt das Gebäude, die Produkte, die Mitarbeiter, den Umgang der Mitarbeiter untereinander und vieles mehr.

Wenn du in den Ferien arbeitest, verdienst du nicht nur Geld, sondern gewinnst auch Einblicke in die Berufswelt und knüpfst Verbindungen, die dir später nützlich sein können. Erwarte nicht, dass du bereits im ersten Monat besonders anspruchsvolle Aufgaben erledigen darfst, viel wahrscheinlicher ist, dass du Routinetätigkeiten durchführst: Adressen eintippen, Kopien anfertigen, Listen vergleichen, Stellagen umräumen etc.

Manche Unternehmen lassen ihren Praktikanten sehr viel Freiraum in der Erwartung, dass die Praktikanten von sich aus aktiv werden. Manche Praktikanten missbrauchen diesen Freiraum allerdings, um im Internet zu surfen oder Spiele zu spielen und signalisieren damit wenig Interesse am betrieblichen Geschehen. Positiv betrachtet stören sie mit ihrem Verhalten wenigstens niemanden bei der Arbeit, als zukünftige Mitarbeiter kommen sie aber nicht in Frage.

Nicht stören alleine ist zu wenig, mach dich nützlich:

- Stell dich deinem Vorgesetzten und den Kollegen vor.
- Versuche, dich den Gepflogenheiten im Unternehmen anzupassen.
- Beobachte, was deine Kollegen tun, und biete deine Mitarbeit an.
- Zeige, dass du Einsatzfreude mitbringst und produktiv arbeiten willst.

- Frag nach, wenn dir etwas unklar ist. Manchmal sind Fehler schwer wieder gutzumachen.
- Frag aber nicht wegen jeder Kleinigkeit nach, sonst beschäftigst du die anderen mehr als du ihnen hilfst.
- Nutze die freie Zeit, um das Unternehmen besser kennen zu lernen.
- Nutze die Arbeitsmittel, die dir zur Verfügung gestellt werden, im Sinne des Unternehmens.
- Sei höflich und respektvoll im Umgang mit deinen Kollegen.

Einblicke in die Arbeitswelt motivieren dich vielleicht auch, deine Anstrengungen für die Schule zu erhöhen. Die Aussicht auf einen interessanten Job gibt dem Lernen wieder mehr Sinn, und je besser deine Ausbildung ist, umso größer sind auch deine Chancen am Arbeitsmarkt.

Adressen und Links im Internet

Bestandsaufnahme des Bewerbers

http://focus.msn.de/D/DB/DB19_neu/DB19C/db19c.htm
Testtraining und umfangreiche Einstellungstests:
Intelligenz, Leistung und Konzentration, Persönlichkeit

http://www.berufskompass.at/
Interessentest mit Berufsvorschlägen

http://www.uni-protokolle.de/eignungstest/
Eignungstest

Arbeitsmarkt und Arbeitgebersuche

Wochenzeitung mit großem Stellenmarkt

http://www.meinjob.at
Mein Job – das Magazin für Beruf und Karriere
Private Stellengesuche sind kostenlos

Tageszeitungen mit Stellenmarkt in der Wochenendausgabe

http://www.presseclub.at
Linkliste mit österreichischen und internationalen Zeitungen, Zeitschriften und sonstigen Medien

http://www.kurier.at

http://www.kurier.at/jobmedia (Stellenmarkt im Kurier)

http://www.krone.at

http://derstandard.at

http://www.diepresse.at

http://www.wirtschaftsblatt.at (Wirtschaftsblatt)

http://www.wienerzeitung.at

http://www.kleinezeitung.at

http://www.nachrichten.at (Oberösterreichische Nachrichten)

http://www.salzburg.com/sn (Salzburger Nachrichten)

http://www.vn.vol.at (Vorarlberger Nachrichten)

http://www.tirol.com (Tiroler Tageszeitung online)

http://www.ktz.at (Neue Kärntner Tageszeitung)

Jobbörsen für Schüler- und Studentenjobs

http://www.ferialpraxis.at

http://www.ferialjob.at

http://www.oeh.jobfinder.at

http://www.unitrain.at

http://www.studieren.at (Studienführer mit Job-Börse)

http://www.ifa.or.at (für Auslandspraktikum)

http://www.praxisnet.at (für Auslandspraktikum)

http://www.jobcenter.at/studentenjobs (auch für Sprachreisen, aupair etc.)

Jobbörsen in Österreich (Auswahl)

http://www.ams.or.at/sfa/index.htm

http://www.jobpilot.at

http://www.jobfinder.at

http://www.jobmonitor.com (mit Österreichteil)

http://www.jobsuchmaschine.at

http://www.jobmedia.at

http://www.lehrling.at (Lehrlings- und Lehrstellenbörse)

Informationen über Unternehmen

http://www.118899.com
Suchmaschine für Produkte und Dienstleistungen, Firmendatenbank, Kontaktadressen

http://www.dasbranchenbuch.at
Firmenverzeichnis nach Branchen geordnet

http://www.herold.at
Telefonbuch

http://www.help.gv.at
Wegweiser durch Ämter, Behörden und Institutionen

Rund um das Thema Bewerbung

http://www.jobpilot.at/content/journal/index.html
Bewerbung und Einstieg, Arbeitsrecht, Karriere-Tipps etc.
Stellenangebote, Firmenprofile

http://wien.arbeiterkammer.at/www-4175.html
Erfolgreich bewerben, Stellenanzeige, Bewerbungsgespräch

http://www.ams.or.at/neu/2315.htm
Informationen und Checklisten für den gesamten Ablauf der Bewerbung, umfangreiche Linksammlung
kostenlose Registrierung erforderlich

http://www.biwi.at/home.htm
Berufsinformation der Wiener Wirtschaft
umfangreiche und übersichtlich gegliederte Linksammlung

http://www.bewerben.at
Online-Bewerbungsberatung des bfi Wien
Rückmeldung zu einer Probebewerbung
Informationen zu verschiedenen Themen rund um die Bewerbung
umfangreiche Linksammlung auf Österreich bezogen

http://www.jova-nova.com
sehr ausführlicher Bewerbungsratgeber
mit Arbeitsblättern und vielen Beispielen aus der Praxis
umfangreiche Linkliste auf Deutschland bezogen

http://www.job-future.de/bewerbungstipps/bewerben.html
vom Bewerbungsschreiben bis zum Vorstellungsgespräch
sehr übersichtlich gegliedert

http://focus.msn.de/jobs
Artikel zu verschiedenen Themen,
Karriere im Ausland

http://www.jobpilot.de/content/journal/international/index.html
bewerben, arbeiten und Umgangsformen im Ausland
arbeiten in Deutschland

http://www.unister.de/Unister/career/startseite/bewerbung/index.html
Informationen für Studenten

http://www.cedefop.eu.int/transparency/cv.asp (englisch)
Internationaler Lebenslauf

http://www2.trainingvillage.gr/etv/transparency/de/curriculum.asp (deutsch)
Internationaler Lebenslauf

Allgemeines zu Beruf und Karriere

http://www.karrierefuehrer.de
Artikel zu verschiedenen Themen
Unternehmensprofile, Berufsbilder, Ausbildung

http://www.zeitzuleben.de/inhalte/be/index.html
Artikel zu verschiedenen Themen wie:
Tipps für Ihre erfolgreiche Bewerbung
Emotionale Intelligenz
Persönlichkeitstest
Mehr Kraft und Energie im Beruf

Organisationen in Österreich

http://www.akwien.at/
Kammer für Arbeiter und Angestellte
1040 Wien, Prinz-Eugen-Strasse 20–22 Tel.: (01) 50 16 50

http://www.wko.at/
Wirtschaftskammer Österreich
A-1045 Wien, Wiedner Hauptstraße 63, Tel.: (01) 59 09 00

http://www.wifi.at/
WIFI-Wirtschaftsförderungsinstitut
A-1045 Wien, Wiedner Hauptstraße 63

http://www.bfi.or.at/
Berufsförderungsinstitut Österreich
A-1060 Wien, Kaunitzgasse 2 Tel.: (01) 586 37 03-0
E-Mail: info@bfi.at
Geschäftsstellen in allen Bundesländern

http://www.ams.or.at/neu
AMS Arbeitsmarktservice Österreich
Das Arbeitsmarktservice Österreich hat Geschäftsstellen in ganz Österreich und ist auch im Internet vertreten.
Service für Arbeitsuchende und Unternehmen, Stellenvermittlung Information und Beratung

AMS Jugendliche für Arbeitsuchende unter 21
1070 Wien, Neubaugasse 43, Tel.: (01) 878 71
E-Mail: ams.jugendliche@970.ams.or.at

Landesgeschäftsstellen des AMS:
Arbeitsmarktservice Wien
1030 Wien, Landstraßer Hauptstraße 55–57, Tel.: (01) 878 71
E-Mail: ams.wien@900.ams.or.at

Arbeitsmarktservice Niederösterreich
1013 Wien, Hohenstaufengasse 2, Tel.: (01) 531 36
E-Mail: ams.niederoesterreich@300.ams.or.at

Arbeitsmarktservice Oberösterreich
4021 Linz , Europaplatz 9, Tel.: (0732) 69 63
E-Mail: ams.oberoesterreich@400.ams.or.at

Arbeitsmarktservice Burgenland
7001 Eisenstadt, Permayerstr. 10, Tel.: (02682) 692
E-Mail: ams.burgenland@100.ams.or.at

Arbeitsmarktservice Salzburg
5020 Salzburg, Auerspergstr. 67a, Tel.: (0662) 88 83
E-Mail: ams.salzburg@500.ams.or.at

Arbeitsmarktservice Kärnten
9021 Klagenfurt, Rudolfsbahngürtel 42, Tel.: (0463) 38 31
E-Mail: ams.kaernten@200.ams.or.at

Arbeitsmarktservice Steiermark
8021 Graz, Bahnhofgürtel 85, Tel.: (0316) 70 81
E-Mail: ams.steiermark@600.ams.or.at

Arbeitsmarktservice Tirol
6020 Innsbruck, Andreas-Hofer-Straße 44, Tel.: (0512) 59 03
E-Mail: ams.tirol@700.ams.or.at

Arbeitsmarktservice Vorarlberg
6901 Bregenz, Rheinstr. 32, Tel.: (05574) 691
E-Mail: ams.vorarlberg@800.ams.or.at

Weitere Geschäftsstellen in allen Bundesländern

http://www.vhs.at/Welcome.do
Verband Wiener Volksbildung
1150 Wien, Hollergasse 22, Tel.: (01) 891 74
Dachorganisation aller Volkshochschulen
Aus- und Weiterbildung
Hauptschulabschluss
Studienberechtigungsprüfungen

Weiterführende Literatur

Jürgen Hesse und Hans Christian Schrader

Bewerbungshandbuch, Frankfurt 2002

Die perfekte Bewerbungsmappe, Frankfurt 2004

Das erfolgreiche Vorstellungsgespräch, Frankfurt 2001

Sowie weitere Titel zum Thema Bewerbung

Christian Püttjer und Uwe Schnierda

Überzeugen mit Anschreiben und Lebenslauf. Die optimale Bewerbungsmappe für Um- und Aufsteiger, Frankfurt/New York 2004

Die beste Bewerbungsmappe, Frankfurt/New York 2004

So überzeugen Sie im Bewerbungsgespräch, Frankfurt/New York 2001

Sowie weitere Titel zum Thema Bewerbung

Peter Gusmits und Gerlinde Maschler

Top im Job: Karriere-Ratgeber vom Berufseinstieg bis zur Pensionierung, Wien/Frankfurt 2000

Margit Makrandreou

Rhetorik – Kommunikation – Präsentation, Methoden zur Selbstentfaltung, Wien 2003

Persönlichkeitsbildung, Methoden zur Entwicklung der persönlichen und sozialen Kompetenz, Wien 2004

Helga Geyrecker, Maria Planckh und Maria Zbiral

top office Band 3, Wien 2005